国家自然科学基金重大项目“会计、审计对企业经营管理与宏观经济发展的影响研究”（71790603）
国家自然科学基金青年项目“我国上市公司市值管理研究：动机、行为表现与经济后果”（71602039）

李 旎 郑国坚 著

市值管理的治理效应分析

Analysis on the Governance Effect of Market Value Management

中国财经出版传媒集团
经济科学出版社
Economic Science Press

图书在版编目（CIP）数据

市值管理的治理效应分析 / 李旎，郑国坚著.
—北京：经济科学出版社，2019.9
ISBN 978 - 7 - 5218 - 0943 - 5

Ⅰ.①市… Ⅱ.①李… ②郑… Ⅲ.①上市公司 - 市场价值 - 研究 - 中国 Ⅳ.①F279.246

中国版本图书馆 CIP 数据核字（2019）第 200657 号

责任编辑：杜　鹏　刘　悦
责任校对：蒋子明
责任印制：邱　天

市值管理的治理效应分析
李　旎　郑国坚　著
经济科学出版社出版、发行　新华书店经销
社址：北京市海淀区阜成路甲 28 号　邮编：100142
编辑部电话：010 - 88191441　发行部电话：010 - 88191522
网址：www.esp.com.cn
电子邮件：esp_bj@163.com
天猫网店：经济科学出版社旗舰店
网址：http://jjkxcbs.tmall.com
固安华明印业有限公司印装
710 × 1000　16 开　10.75 印张　170000 字
2019 年 10 月第 1 版　2019 年 10 月第 1 次印刷
ISBN 978 - 7 - 5218 - 0943 - 5　定价：49.00 元
（图书出现印装问题，本社负责调换。电话：010 - 88191510）

前　言

2005 年，证监会启动股权分置改革，市值管理逐渐成为资本市场上的热门话题。2005 年 9 月，证监会发布了《上市公司股权分置改革管理办法》，明确指出“改革方案应当兼顾全体股东的即期利益和长远利益，有利于公司发展和市场稳定，并可根据公司实际情况，采用控股股东增持股份、上市公司回购股份、预设原非流通股股份实际出售的条件、预设回售价格、认沽权等具有可行性的股价稳定措施”，其中体现了市值管理思维。2014 年 5 月，国务院发布《关于进一步促进资本市场健康发展的若干意见》，首次明确提出“鼓励上市公司建立市值管理制度”。由此可见，实务界与监管当局对市值管理的关注由来已久。与此形成鲜明对比的是，现有研究并未对我国上市公司市值管理进行系统的讨论。因此，围绕市值管理进行理论探讨及实证检验具有重要的理论价值与现实意义。

以信息不对称理论与市场有效性理论为基础，结合价值管理理论在我国资本市场的发展，本书给出了我们对市值管理定义的理解。市值管理是将企业经营发展与资本市场运作相结合的战略管理模式，即公司建立一种长效组织机制，增强内部人在进行决策时对市值的关注度，通过与资本市场保持准确、及时的信息交互传导，促使股价充分反映内在价值，实现以内在价值为支撑的公司市值与投资者利益最大化。围绕上述定义，本书以各类行为的理论基础为主线，将市值管理行为分为增强激励的市值管理与利用时机的市值管理。在上述理论分析的基础上，本书对市值管理在我国的发展情况进行了总结，为后续的理论分析与实证研究提供了现实基础。

基于对市值管理理论基础与行为分类的系统剖析，结合中国的制度背景，本书总结了我国上市公司市值管理的两类最重要的参与者，即控股股东与管理层，指出在中国的制度背景下，上市公司市值管理对于这两类群体的影响最为直接。考虑到管理层是公司日常经营工作的执行者，对于管理层的分析分为公司经营与高管激励两个部分。上述分析为后续实证检验提供了基础。

以 2005 ~ 2016 年的中国 A 股上市公司为样本，本书检验了市值管理的治理效应。首先，本书检验市值管理能否影响控股股东的经济利益。例如，市值管理能否帮助控股股东通过股权质押获取融资？若答案是肯定的，考虑到利益侵占行为对公司市值的负面影响，市值管理能否减少他们的利益侵占行为？上述两个相关关系又会受到什么因素的影响？其次，本书分析了市值管理对于高管薪酬契约的影响。例如，市值管理是否影响上市公司高管薪酬与会计业绩的敏感性。倘若结果是肯定的，那么何种因素会影响上述结果？

针对以上问题，本书发现：第一，市值管理能够帮助上市公司控股股东获取股权质押融资，且这一关系在民营企业中更为显著。市值管理通过拓宽控股股东融资渠道减少他们对公司的资金占用，且市值管理对控股股东利益侵占行为的治理效应在熊市环境下表现得更为明显。进一步研究发现，市值管理对于控股股东资金占用行为的制约，主要体现在降低其非经营性资金占用，市值管理对控股股东的经营性资金占用没有显著影响。第二，市值管理增强了高管薪酬与会计业绩的敏感度，且这一作用会受到市场环境与产品市场竞争的影响。进一步分析发现，良好的市值管理能够提高公司顺利实施股权激励的概率。由此可见，市值管理在我国资本市场上具有一定的治理效应，但这种治理效应可能随着市场环境或其他治理机制，例如产权性质或产品市场竞争度等因素的变化而发生变化。

上述研究结果表明，我国上市公司市值管理能够发挥一定的治理效应。要实现我国资本市场的有序发展，就应当重视市值管理的治理效应，充分调动各方参与市值管理的积极性。市值管理对于控股股东及管理层切身利益的影响，会受到产权性质与产品市场竞争等内外部公司治理机制的影响。提升各类公司治理机制效率，是更好地发挥市值管理治理效应的题中之义。

作者

2019 年 7 月

Contents

目录

第一章　引言 / 1

第一节　研究背景与意义 / 1
第二节　研究问题与研究框架 / 4
第三节　研究方法 / 9
第四节　可能的贡献与创新 / 11

第二章　市值管理的理论基础与文献述评 / 13

第一节　市值管理的理论基础：一般性讨论 / 14
第二节　市值管理的理论基础：我国股市的新兴市场特征与上市公司的委托代理问题 / 19
第三节　市值管理的定义、行为分类与文献述评 / 34
第四节　本章小结 / 45

第三章　市值管理在我国资本市场中的应用 / 47

第一节　市值管理制度与行为在我国资本市场的发展 / 47
第二节　我国上市公司市值管理实践中可能存在的问题 / 58
第三节　本章小结 / 64

第四章　理论分析：市值管理的参与者及其动机分析 / 65

第一节　市值管理的参与者及其动机分析：控股股东 / 65

第二节　市值管理的参与者及其动机分析：管理层 / 71
第三节　本章小结 / 79

第五章　市值管理与控股股东利益侵占行为 / 80

第一节　研究问题的提出 / 80
第二节　文献回顾与研究假设 / 82
第三节　研究设计 / 86
第四节　实证结果及分析 / 89
第五节　进一步分析 / 94
第六节　稳健性检验 / 96
第七节　主要结论与讨论 / 103

第六章　市值管理与高管激励效率 / 104

第一节　研究问题的提出 / 104
第二节　文献回顾与研究假设 / 106
第三节　研究设计 / 109
第四节　实证结果及分析 / 112
第五节　进一步分析 / 118
第六节　稳健性检验 / 120
第七节　主要结论与讨论 / 133

第七章　主要结论与政策建议 / 134

第一节　主要研究结论 / 134
第二节　政策启示 / 136
第三节　研究的局限性与未来的研究方向 / 137

参考文献 / 140
附录　市值管理与企业投资决策 / 159
后记 / 166

第一章
引　言

第一节　研究背景与意义

上市公司市值被认为是公司综合实力的重要体现，全球三大商业杂志中的《福布斯》《商业周刊》在发布企业排名时，均把市值作为重要的考评指标。在我国，股权分置改革的完成消除了非流通股与流通股之间的差异，资本市场对上市公司市值的关注度日益提升，并逐步形成了市值管理理念。监管层对市值管理在我国的发展给予了密切的关注。2005 年 9 月，证监会发布的《上市公司股权分置改革管理办法》指出“改革方案应当兼顾全体股东的即期利益和长远利益，有利于公司发展和市场稳定，并可根据公司实际情况，采用控股股东增持股份、上市公司回购股份、预设原非流通股股份实际出售的条件、预设回售价格、认沽权等具有可行性的股价稳定措施”，当中就体现了市值管理的理念。2013 年 11 月，证监会制定并发布了《关于进一步推进新股发行体制改革的意见》，要求公司须在公开募集及上市文件中提出上市后 3 年内公司股价低于每股净资产时稳定公司股价的预案。2014 年 5 月，国务院发布《关于进一步促进资本市场健康发展的若干意见》（以下简称“新国九条”），首次明确提出“鼓励上市公司建立市值管理制度”。2018 年全国两会上，国务院国资委有关“市值管理是国资管理的重要内容”的表态，更是使得市值管理的热度迎来爆发。

与此同时，资本市场各方也在积极参与市值管理。根据 wind 数据显示，2017 年 A 股上市公司共发生并购 8384 次，涉及并购金额约 3.5 万亿元，相对于 2016 年发生 5230 次并购增长了 60.31%；2017 年有 396 家公司发布股权激励预案公告，较 2016 年发布的 246 份股权激励预案同比增长了 60.98%。上市公司市值管理为公司稳定股价和创造价值提供了有力的手段。中国市值管理研究中心发布的《2017 年度 A 股上市公司市值管理绩效评价报告》显示，截至 2017 年底，A 股市场共有上市公司 3459 家，总市值 56.3 万亿元，较 2016 年底的 50.63 万亿元增长了 11.2%。图 1－1 显示了我国沪深 300 指数在 2005～2017 年的表现，可以看到，2014 年 5 月“新国九条”出台之前，沪深 300 指数波动比较剧烈，而在“新国九条”提出鼓励建立市值管理制度以来，沪深 300 指数总体上呈上涨的趋势，且整体波动相对前一阶段较小。

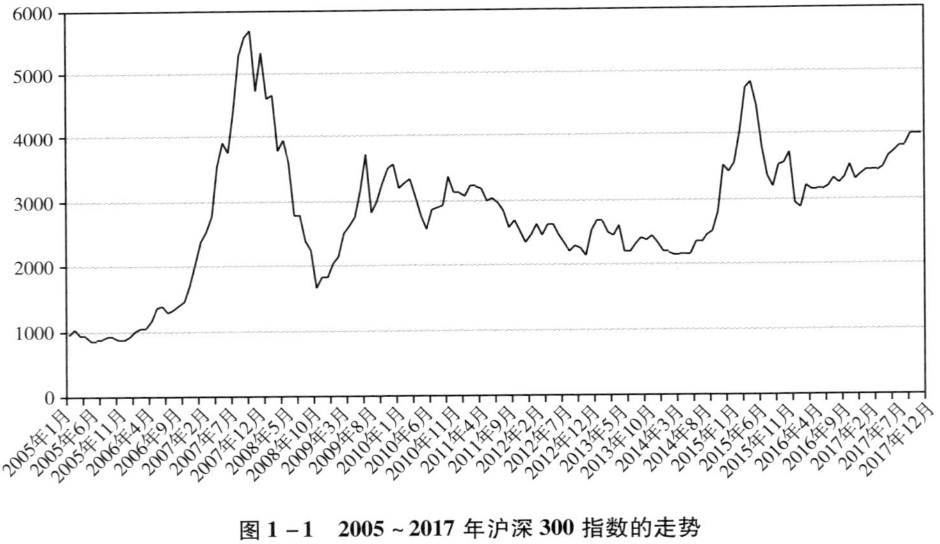

图 1－1　2005～2017 年沪深 300 指数的走势

建立有效的市值管理制度是我国当前资本市场发展阶段的必然要求。由于我国资本市场发展较晚，企业信息披露、内幕交易和投资者保护等各项制度仍有待完善，资本市场的有效性较低，市值管理的重要性逐渐受到重视。但上市公司对于市值管理的认识还存在较大的偏差，市值管理甚至沦为部分企业股价操纵的合法外衣，引起了业界关于市值管理制度的广泛讨论。股价的不稳定对投资者财富与我国资本市场稳定性造成较大的负面影响，可能导致资本市场资源配置的低效并冲击实体经济。因此，如何解释资本市场日益普遍的市值管理行为、上市公司开展市值管理的动机以及市值管理对企业经营成长的影响，是当前进一步推进和完善市值管理制度急需解答的问题。然而，与监管层的密切关注和市值管理活动日益普遍形成鲜明对比的是国内学术界对市值管理仍缺乏系统而深入的探讨。综上所述，对市值管理的理论基础及其在我国的发展情况进行系统的总结，并就市值管理对我国资本市场参与者行为的影响进行深入的探讨，具有重要的意义。

已有研究表明，上市公司市值具有重要的经济影响。市值的波动直接影响到管理层货币薪酬水平与权益薪酬价值（Aboody and Kasznik，2000；Firth et al.，2006）、内部人交易收益（袁渊，2010）、公司融资效率（Baker and Wurgler，2002）、公司固定资产投资（Campello and Graham，2013）、公司并购能力（Shleifer and Vishny，2003）以及高管职位安全（Warner et al.，1988）等。因此，如何促进上市公司市值的持续成长，是理论界及实务界共同关注的话题。理论上，公司市值是其内在价值的体现，内在价值则等于按与之风险程度相匹配的折现率对预期盈利进行贴现的资本化价值（Modigliani and Miller，1958）。但由于信息不对称及市场非强式有效等问题的存在，上市公司市值与其内在价值之间在绝大多数情况下存在一定的偏离，市值围绕着内在价值上下波动。因此，市值管理就显得尤为重要。

为便于理解，下面以海立股份（600619）为例，简要说明我国上市公司市值管理的一些主要实践活动。2012 年 7 月，海立股份控股股东通过现金认购公司定向增发股份，向市场传递其对公司发展的坚定信心。与此同时，公司积极通过并购实现公司规模成长，提升主营业务竞争力。考虑到投资者关系对于公司市值提升的作用，公司建立了与分析师的定期沟通机制，聘请有专业资质的投资者关系管理专员负责与分析师沟通，并通过网站、微博及微信等渠道与投资者进行沟通。积极的投资者关系管理改善了投资者对公司的认知度，降低了公司市值被低估的风险。上述努力最终体现在公司的股票收益率上：2013 年，海立股份 A 股年度收益率为 10.8%，同期上证指数则下跌 6.75%。2014 年 7 月，上交所启动市值管理案例汇编工作，28 家沪市公司入选，其中就包括海立股份①。

市值管理作为上市公司的重要治理与经营方略，理应对上市公司及其内部人的获利模式和行为动机产生深远的影响。公司经营的基本目标是实现股东价值最大化，上市公司的股东价值最大化则体现为市值最大化（汤谷良等，2013）。然而，与监管层、上市公司和媒体等对市值管理的关注度相比，目前我国学术界对市值管理的实证研究相当有限，现有研究对市值管理的探讨大多仅限于理论分析（张济建等，2010；翁世淳，2010）。那么，市值管理是否会对上市公司及其利益相关者的行为产生影响呢？具体地，各类市值管理行为是否已在我国资本市场日益普遍？倘若答案是肯定的，市值管理又是否能够影响内部人行为、缓解代理冲突、发挥治理效应呢？上述问题正是本书研究的焦点所在。

第二节　研究问题与研究框架

综上所述，国内学术界在有关市值管理对上市公司及其利益相关者行为影响的实证研究上存在明显的空白，这给本书提供了很好的研究空间。我们希望通过理论分析及实证检验，对市值管理在我国资本市场上的治理效应形成一定的认识，为后续研究提供一定的基础。图 1 -2 列示了本书的整体研究框架。

结合我国证券市场的制度背景，本书首先对市值管理的理论基础与相关文献进行总结。我们认为，市值管理是价值管理理论在我国资本市场的发展应用。在中国当前新兴市场特征明显与股市有效性偏低的环境下，上市公司市值与内在价值之间可能存在较大偏离，市值管理是上市公司实现市值持续增长的重要方略。市值管理在我国资本市场上的明确提出则是与我国上市公司独特的委托代理问题紧密相连的。股权分置改革之前，大股东尤其是控股

① 资料来源：上海证券报，转引自网易财经，http：//money. 163. com/15/0203/07/AHGTQ9VC00253B0H. html#from = keyscan。

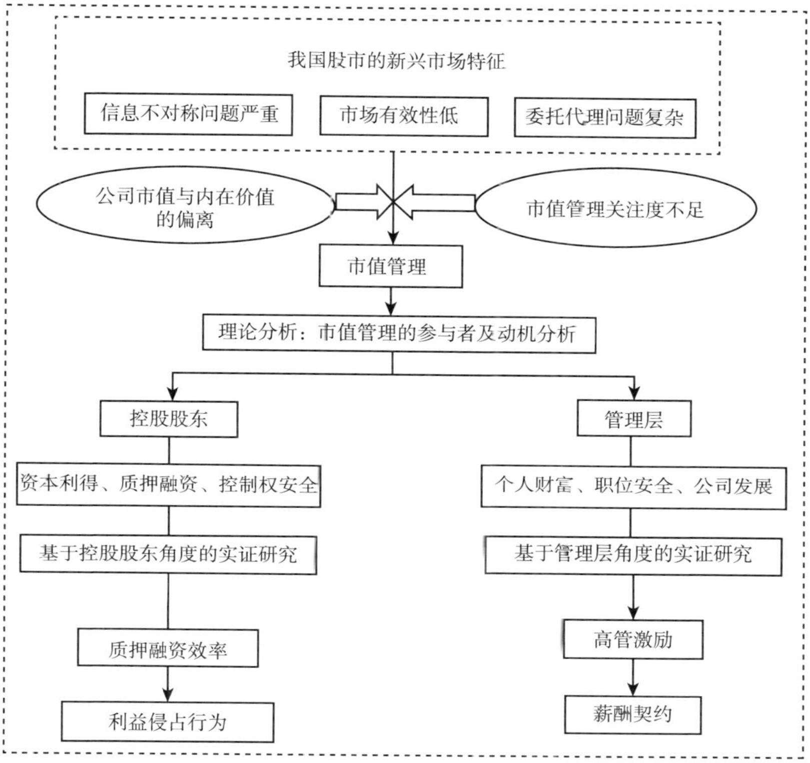

图1-2　研究框架

股东无法通过市值上升获利，上市公司市值并没有得到应有的重视。在这个阶段，大股东主要通过利益侵占行为获取利益。全流通时代的到来促使大股东逐渐关注公司市值。但股权分置改革可能并没有直接赋予管理层关注市值的动机，市值管理可能并没有得到应有的重视。因此，市值管理在我国资本市场上被明确提出，以增强各方对于上市公司市值的关注。以上述讨论为基础，本书归纳了对于市值管理定义与行为分类的理解。笔者认为，市值管理是一种将企业经营发展与资本市场运作相结合的战略管理模式，即公司建立一种长效组织机制，增强内部人在进行决策时对市值的关注度，通过与资本市场保持准确、及时的信息交互传导，促使股价充分反映内在价值，实现以内在价值为支撑的公司市值与投资者利益最大化。市值管理行为根据其功能，可以分为信息传递的市值管理与利用时机的市值管理两大类。

其次本书对市值管理在我国的发展情况进行了总结。本书通过整理各类政策及相关数据，指出市值管理在我国资本市场上的运用日趋普及。随着市值管理实践活动的日益普及，上市公司在进行市值管理的过程中逐渐出现了一些“灰色行为”，这样的行为已经引起监管部门的注意，本书一并对相关情况做了介绍。在系统总结市值管理理论基础与实践发展情况的基础上，结合现有文献的研究成果，本书归纳了现有文献对市值管理利益相关者动机的讨论。结合我国上市公司的制度背景，本书指出，我国上市公司市值管理的两类最重要参与者是控股股东与管理层，论述市值管理通过影响参与者行为发挥治理效应的机制。

在上述分析的基础上，本书以我国 A 股上市公司 2006 ~ 2016 年的数据为基础进行实证检验，以分析市值管理对公司控股股东及高管的影响。对于前者，我们考察市值管理是否能够减少他们的利益侵占行为。此外，本书考察市值管理对高管激励契约设计的影响，以检验市值管理对高管切身利益的影响。具体而言，本书在实证研究部分主要分析以下两个问题。

1. 市值管理对控股股东行为的影响——基于控股股东利益侵占行为的视角

股权分置改革之后，控股股东所持股份逐渐上市流通，这些股份的价值计量实现了从账面净资产到市价的转变，由此催生控股股东的市值管理动机。当上市公司股价稳步上升，公司股票在资本市场中表现优秀时，控股股东可以通过各种途径获取利益。例如，上市公司股份是融资市场上的一类常见抵押品，较高的公司市值有助于控股股东通过股权质押获取融资，降低融资成本。抵押担保是被实务界广泛应用的债权人保护条款，但抵押担保合同也可能带来新的问题，例如，借款人有动机在订立合同时虚增抵押物价值，以降低借款成本。当抵押物价值被高估且借款人出现违约时，债权人便会面临损失，这些问题可能在新兴市场中表现得尤为明显（Chen et al.，2013）。因此，在抵押担保合同中，抵押物的价值是债权人重点关注的事项之一。

上市公司股份是债务融资市场上的一类抵押品，具有流动性高且计价标准明确的特点。在上市公司及其内部人重视市值管理的情况下，公司股价出现大跌的风险较小，向外部投资者传递公司财务状况及公司治理效率良好的信号。此时，控股股东以股份作抵押进行借款更易被债权人接受，借款后被债权人要求追加抵押物的可能性更小。此外，市值管理要求公司改善信息披露，加强投资者关系管理，降低债权人所面临的质押物价值虚高的风险。因此，市值管理能否通过促进控股股东的股权质押融资拓宽其获利渠道，是这一部分分析中首要关注的问题。

我国资本市场的诸多制度安排决定了上市公司控股股东普遍拥有上市公司的相对或绝对控制权，股权分置改革之前，与控股股东有关的第二类代理问题尤其严重。由于控股股东与其他法人股东所持有的股票不能在市场上流通，控股股东无法通过二级市场交易获利，增强了他们谋求自身利益最大化而攫取上市公司资源、侵犯中小股东利益的动机。例如，集团控制的上市公司更倾向通过关联交易来进行盈余操纵，上述利益侵占行为被认为是我国企业信息披露不完善以及融资后业绩持续恶化的重要原因（Jian and Wong，2010）。近年来，监管层陆续出台了多项监管政策，逐渐加强了对控股股东利益侵占行为的监管，使得他们通过资金占用和关联交易等方式获取控制权私利的法律风险日益加大。另外，当控股股东进行股权质押等融资活动时，为了避免“掏空”行为给公司形象和股票带来的不利影响（Jiang et al.，2010），进而避免质押股权价值的减损及来自债权人的压力，控股股东就可能选择减少“掏空”行为。从这个意义上来说，市值管理不但有助于控股股东拓宽获利渠道，还在某种程度上发挥了治理作用。

综上所述，这一部分的分析将重点考察以下问题：市值管理是否影响控股股东的行为，具体来说，市值管理是否能够以股权质押融资为渠道帮助控股股东拓宽获利渠道？如果答案是肯定的，考虑到利益侵占行为对公司市值的负面影响，市值管理能否减少控股股东的利益侵占行为？

2. 市值管理对高管利益的影响——基于高管激励契约效率的视角

我国上市公司高管激励主要以货币薪酬为主，大多数公司未采用权益薪酬。因此，已有研究在考察我国上市公司高管薪酬时，基本上都是针对货币薪酬进行探讨。本书认为，市值管理可能促使大股东更加关注公司价值，增强大股东对高管的监督，强化内部治理机制对高管权力的制约。市值管理还要求公司加强与资本市场各方的互动，吸引更多的机构投资者持股、更多的分析师与媒体等外部信息中介关注。上述这些内外部治理机制力量的增强，是否会影响上市公司高管薪酬与公司经营业绩的关联性，提高高管激励契约的有效性呢？为此，在这一部分分析中，笔者重点考察以下问题：市值管理能否影响高管激励契约的效率？具体而言，市值管理是否影响高管薪酬与公司业绩之间的敏感性？倘若答案是肯定的，上述作用会受到什么因素的影响？

本书希望通过对上述两个问题的分析及检验，对市值管理在我国资本市场上的治理效应有一个较为清晰的认识，为监管层对股权分置改革进行政策评估提供更为全面的参考。

基于上述思路，本书的章节安排如下。

第一章为引言。本章主要论述本书的研究背景，介绍研究问题、研究思路与框架，论述可能的贡献与创新。

第二章为市值管理的理论基础与文献述评。本章首先结合我国股市的制度背景，剖析了市值管理的理论基础，并提出了本书关于市值管理定义的理解。其次依据上述理论基础，对市值管理行为进行功能分类，介绍文献中关于市值管理行为的一些讨论。在进行文献述评时，本书着重介绍了各类市值管理行为的定义及概况，各类市值管理行为与公司市值之间的关系及相关的理论解释。

第三章为市值管理在我国资本市场上的发展。结合各类政策的发展，本章通过数据分析介绍了各类市值管理行为在我国资本市场上的发展情况。

第四章为市值管理参与者动机分析与本书的实证研究框架。结合我国上市公司的治理结构，本书归纳了我国上市公司市值管理最重要的两类参与者，即控股股东与管理层，并分析了他们参与市值管理的动机，为后续的实证分析提供了理论基础。

第五章为市值管理与控股股东利益侵占行为。本章首先分析了市值管理是否能给上市公司控股股东带来切实的收益。倘若答案是肯定的，考虑到利益侵占行为对公司市值的损害，控股股东将如何在市值管理与利益侵占两种获利方式之间进行权衡呢？他们的行为选择又会受到哪些因素的影响？

第六章为市值管理与高管激励契约效率。本章重点检验市值管理对于我国上市公司高管薪酬契约的影响，以此为基础，还进一步分析了影响市值管理与高管薪酬契约之间关系的因素。

第七章为主要结论与政策建议。本章回顾了本书的主要结论，介绍了政策启示，并简要分析了本书的局限性及未来的研究方向。

第三节 研究方法

本书衡量市值管理的主要指标为经市场调整的股票回报率 Car1，计算方法如式（1－1）所示。R 是考虑现金红利再投资的月个股回报率；M 是当月综合 A 股市场回报率。考虑到年报公布对股价产生的影响，计算期间从当年的 5 月初至下一年的 4 月末。此外，如前面所述，由于信息不对称及市场非理性等因素的存在，资本市场对上市公司的估值通常存在一定的偏误。市值管理的一个重要职责是减少市场对公司估值的偏误，降低公司市值的波动，提高股东财富的稳定性。因此，本书还采用了经市场调整的月度收益率的标准差进行标准化后的股票回报率 Car2 来衡量市值管理，计算方法如式（1－2）所示，Sd 是计算期内各月份经市场调整的股票回报率的标准差。在股票回报率相同的情况下，收益率波动越大，股东持有股权资产的效用越低，Car2 越小。

$$Car1 = \prod_{1}^{12}(1 + R_{it}) - \prod_{1}^{12}(1 + M_{it}) \tag{1-1}$$

$$Car2 = Car1/Sd \tag{1-2}$$

采用股票回报率作为市值管理的衡量指标，主要是基于以下五个方面的考虑。

（1）如本章简要列示的海立股份市值管理的案例所示，市值管理可能涉及多方面的运作。市值管理的主要方法包括并购、股票回购、再融资、股权激励及投资者关系管理等。这些市值管理行为涉及不同的利益主体，理论解释及实践操作各异。倘若采用行为指标进行衡量，可能存在由于理论背景或实践操作差异所导致的噪声，对实证研究结果造成影响。不同公司在市值管理方法的选择上也存在差异，这种差异可能进一步加剧行为指标中的噪声。

（2）市值管理的最终目的是实现公司市值的持续增长，虽然文献对上述方法的讨论涉及不同的理论依据及各类参与者，但这些文献最终都会通过上述行为对于公司价值及股东财富的影响来衡量其有效性。公司越重视上述市值管理活动，公司市值更可能实现持续上升。因此，通过经济后果来衡量上市公司市值管理，具有一定的综合性及合理性。

（3）在讨论上述行为对于公司市值的影响时，文献采用的指标包括股票回报率（Gaspar et al.，2005；Wright et al.，2002）、托宾 Q（李心丹等，2007）以及市账率（Baker and Wurgler，2002）[①] 等。根据托宾 Q 与市账率的计算过程，这两个指标对公司价值的计算均包含了负债的价值，不仅限于公司股票市值。此外，与上述两个静态指标相比，股票回报率计算周期更长，更直接地反映了公司市值与股东财富在一段时期内的提升。

（4）以股票回报率来评价上市公司市值管理效果的做法，同样得到了监管层的采用。例如，2014 年 7 月，上交所启动市值管理案例汇编工作，28 家沪市公司入选。案例汇编在分析这些公司的市值管理行为之后，通常以公司的股票收益率来最终评价市值管理的成效。

（5）已有的基于美国资本市场的研究虽然没有直接提及市值管理，但现有文献中的许多结论体现了市值管理的思想。许多文献以股票回报率作为公司市场业绩的衡量指标，反映出市值管理对于上市公司及其利益相关者的影响。例如第四章所述，以股票回报率为衡量指标，许多研究检验了美国上市公司高管的个人财富及职位安全与公司市值波动的关系，体现了市值管理对于高管切身利益的影响（Jensen and Murphy，1990）。

在进行股票回报率的计算时，本书考虑了以下两个因素。

（1）我国股票市场股价同步性高，个股收益率与市场收益率之间存在显著的相关性（Morck et al.，2000）。因此，本书在计算股票回报率时，将市场收益率从个股收益率中剔除，以反映出每个公司各自的市值管理成效。

（2）已有研究表明，股票收益率可能延续以往走势，这种现象被称为动量效应，出现动量效应的一个重要原因是投资者的非理性（Harrison and Stein，1999）。动量效应也存在于我国资本市场中，但大部分实证研究都认为

---

① 托宾 Q = 总资产的市场价值/资产重置成本，市账率 = (总资产 - 账面权益 + 权益市值)/总资产。

动量效应在我国资本市场的存在期少于半年（沈可挺等，2006；徐信忠等，2006）。本书的股票收益率计算周期为1年，从时间区间来看，指标计算被市场非理性噪声严重干扰的可能性较低。

第四节 可能的贡献与创新

本书可能的创新与贡献主要体现在研究结论的实践意义及对现有文献的学术贡献两个方面。

从实践意义来看，股权分置改革是我国资本市场上的一场革命性的制度变更。股权分置改革将被人为割裂的大小股东利益取向归于一致，消除了同股不同权的制度障碍，统一了所有股东股权资产价值的衡量标准，并由此影响公司及利益相关者获取利益的方式。但学术界对于股权分置改革后市值因素对于公司及其利益相关者行为影响的直接探讨并不多，刘浩等（2010）通过理论推导，探讨了控股股东在股权转让收益与掏空收益之间的权衡。具体地，股改后由于考虑到市值下降的成本，控股股东两权分离导致的过度负债问题有所降低（Liu and Tian，2012）。本书从控股股东及管理层这两个最为重要的利益相关者角度着手，探讨了全流通下市值管理的治理效应，为监管机构评估股权分置改革的影响提供了参考。

本书的学术贡献则可能体现在以下三个方面。

（1）本书提供了我国上市公司市值管理治理效应的证据。与境外成熟资本市场不同，我国资本市场在建立之后的很长一段时间内处于股权分置状态，非流通股股东所持股份无法上市流通，公司市值的波动并不影响他们的切身利益。股权分置改革之后，这些股份得以上市流通。但股权分置改革并没有改变我国上市公司普遍存在的股权高度集中的状况，控股股东所持股权的实际流动性并不高。此外，虽然股权激励在我国资本市场上日益增多，但我国上市公司高管薪酬仍以货币薪酬为主，大多数上市公司并没有采用权益薪酬，高管任命及更换在很大程度上受到政府或家族意志的影响。因此，在我国，各类市值管理行为是否已经得到普遍开展？市值管理又是否对上市公司及其利益相关者带来一定的影响？这些问题都亟待实证研究给出解答。本书的研究表明，市值管理会直接影响上市公司及其利益相关者的切身利益，证明了其在我国资本市场上的治理效应。

（2）本书丰富了已有文献对新兴市场控股股东行为的讨论。现有研究对于控股股东行为的讨论，主要集中在掏空和支持两种情况的探讨，且他们对上市公司提供支持的目的也是将来的“掏空”（Johnson et al.，2000；Friedman et al.，2003）。控股股东“掏空”可能造成公司价值的严重折损（Jiang et al.，2010），从而直接损害其自身财富。作为理性经济人，控股股东的决策会综合考虑相应的成本与收益。但鲜有研究直接关注控股股东作为理性经济人是如何在“掏空”行为与公司市值增长两种获利方式中进行权衡，而是更多地关注法律风险等外在制衡力量对其“掏空”行为的制约。本书希望能从这个角度对已有研究做出贡献。

（3）本书丰富了已有文献对于高管薪酬激励机制的讨论。已有研究主要关注制度环境及传统公司治理机制对高管薪酬的影响，对于股票市场在薪酬契约中的作用的讨论仍存在不足之处。例如，已有研究对于上市公司高管薪酬与公司市场业绩的直接关注并不多（Firth et al.，2006；杜兴强等，2007；辛清泉等，2009；吴育辉等，2010），且上述研究大多是以股改前的数据样本进行检验。此外，现有研究对于股票价格与高管薪酬契约中会计信息使用的关系鲜有涉及。股票价格是资本市场上各类信息的集中体现，直接影响公司与资本市场各方的互动，从而作用于公司内部决策机制。股权分置改革的完成为我们探讨资本市场对于高管激励的影响提供了制度的土壤，这也是本书能够对已有研究做出补充的所在。

第二章 市值管理的理论基础与文献述评*

本章首先以信息不对称理论、市场有效性理论与价值管理理论为切入点，对市值管理的理论基础进行了一般讨论；其次本章结合新兴市场理论与委托代理理论，进一步剖析市值管理在我国资本市场被明确提出的理论基础。市值管理的明确提出，是与我国上市公司独特的委托代理问题紧密相连的，全流通的到来促使大股东逐渐关注公司市值，但股权分置改革可能没有直接赋予管理层关注市值的动机，市值管理可能并没有得到应有的重视。由此，市值管理在我国资本市场上被明确提出，以增强市场参与者，尤其是上市公司内部人对于公司市值的重视。

基于上述讨论，本章提出了对于市值管理定义的理解。市值管理指将企业经营发展与资本市场运作相结合的战略管理模式，即公司建立一种长效组织机制，增强内部人在进行决策时对市值的关注度，通过与资本市场保持准确、及时的信息交互传导，促使股价充分反映内在价值，实现以内在价值为支撑的公司市值与投资者利益最大化。围绕市值管理的理论基础，本章还根据文献中的线索，对上市公司市值管理行为进行功能分类。具体地，本书将上市公司市值管理行为按功能分为两大类，分别是传递信息类市值管理以及利用时机类市值管理。第一类行为强调内部人向投资者传递关于公司内在价

* 本章与第三、第四章的部分内容已于2018年2月发表于《会计与经济研究》“市值管理的综合分析框架：理论与实践”（李旎、蔡贵龙和郑国坚，2018a）

值的信息，降低由于信息不对称导致的估值偏误；第二类行为则强调内部人在决策时将市值作为重要的考虑因素，充分利用信息优势，为公司发展争取更好的资源。

第一节　市值管理的理论基础：一般性讨论

现有理论认为，公司市值由其内含价值决定，内含价值等于按其与之风险程度相适合的折现率对预期盈利进行贴现的资本化价值（Modigliani and Merton，1958）。但由于信息不对称及市场非强式有效等问题的存在，上市公司市值与其内在价值之间在绝大多数情况下存在一定的偏离，体现为市值围绕着内在价值上下波动。资本市场是典型的信息不对称市场，资本全球化及专业分工精细化等因素决定了投资者在对公司内在价值的了解上处于信息劣势的地位，无法实现对公司市值的精确定价。行为金融学的研究表明，投资者并不是完全理性的。投资者在信息获取及处理能力方面的异质性加剧了公司与投资者之间的信息不对称，增大公司市值与内在价值之间的偏离。因此，市值管理就显得尤为重要。

一、信息不对称理论

信息经济学理论认为，信息是市场参与者用于降低决策中随机不确定性的东西，是在市场参与者决策过程中发挥重要作用的关键要素。不确定性是指市场参与者对结果的出现与否不具备完全的知识，不确定性的普遍存在可能导致市场主体在参与经济活动的过程中蒙受损失。因此，他们会努力探寻不确定性产生的原因，以降低不确定性对经济活动所产生的负面影响（乌家培等，2001）。由此，能够帮助市场参与者降低不确定性的信息便具有了经济价值。以股票市场为例，投资者面临着包括但不仅限于股票价格涨跌方向、涨跌速度及突发事件等各方面的不确定性。为了应对这些不确定性，理性投资者需要信息来帮助他们评估投资的期望收益与风险，从而产生了对信息的需求。然而，专业化分工与不同市场主体间在信息接收能力方面的差异导致了信息不对称的普遍存在。信息不对称是指信息在参与交易的市场主体之间分布不均匀的情况。信息经济学指出，只要在经济交易中存在一部分参与者比其他参与者拥有更多信息，此经济机制下就存在信息不对称。从时间上看，信息不对称可能发生在交易前或交易后，由此产生的问题分别为逆向选择与道德风险。

逆向选择是指在签订契约之前，拥有较多信息的一方利用信息优势为自己谋取利益，处于信息劣势的一方无法分辨商品优劣，只愿意为商品支付平均价格，价格机制无法发挥资源配置作用，最终劣质商品驱逐优质商品。以二手车市场为例，卖方是掌握车辆质量信息的一方，他们有动机利用这个优势以次充好。由于信息劣势，买方只愿意为二手车支付平均价格，导致拥有优质二手车的卖方不愿意在市场上出售其二手车，二手车市场充斥着劣质车辆，最终成交萎缩（Akerlof，1970）。逆向选择同样存在于资本市场上，上市公司管理层以代理人的身份接受投资者的委托，运用专业知识负责公司的各项经营事项。在上市公司进行融资时，与管理层相比，投资者处于信息劣势。因此，投资者会根据所有上市公司的平均风险水平来确定要求的报酬率，此时低风险公司也不得不按照较高的报酬率支付融资成本，最终逐渐导致低风险公司退出资本市场，随之而来的是投资者对上市公司的价值评估的整体下降，次优上市公司退出资本市场。最终，市场上仅充斥着高风险公司，市场的资源配置机制失灵，资本市场萎缩。由此可见，信息不对称妨碍了投资者对上市公司进行准确定价，导致公司市值与内在价值之间存在偏离，甚至可能最终危害整个市场的资源配置效率。

道德风险是指签订合约后，由于合约双方之间存在信息不对称，一方在履行合约的过程中可能发生的道德败坏行为会导致另一方的利益受损。“道德风险”一词在19世纪的英国保险行业中被广泛运用，投保人在保险合同生效之后，可能会因为有保险合同的保障而降低防灾努力，甚至可能为了获取高额保费而故意导致财产损失，因而显著降低了保险公司的期望利润。道德风险同样存在于资本市场上，在所有权和经营权的分离的情境下，信息不对称导致上市公司股东无法完全观察到管理层是否在为股东利益而工作。但由于当事人的有限理性与机会主义，投资者与管理层的目标函数在大多数时候存在差异。当股东利益与管理层个人私利发生冲突时，管理层有动机采取损害投资者利益的机会主义行为，具体的表现形式包括在职消费（Yermack，2006）、超额薪酬（Bebchuk and Fried，2003）、过度投资（Jensen，1986）、信息操纵（Healy，1985；Cheng and Warfield，2005）等。这些机会主义行为会对公司价值的长期增长造成负面影响：首先，机会主义行为侵占了公司资源，危害公司健康发展；其次，基于对机会主义行为的理性预期，投资者会相应调低对公司的估值（Jensen and Meckling，1976）。由此可见，道德风险妨碍了上市公司市值的持续增长，损害了投资者利益。

针对信息不对称问题的普遍存在，现有研究对如何解决信息不对称问题进行了大量的讨论，其中最具代表性的是信号传递理论（signaling）。这一理论强调信息优势方为了促成交易，主动向信息劣势方提供信息。文献中对通过信号传递降低信息不对称程度的讨论，最初是以劳动力市场为背景进行的，在劳动力市场上，雇主在与应聘者的关系中处于信息劣势，雇主对应聘者的了解远远少于应聘者对其自身的了解。在个人能力较强的人能够以较低成本获取较高学历的情况下，应聘者的学历就成了他们向雇主传递自身能力信息的信号。一般地，应聘者学历及资格证书方面的表现越优异，个人能力越强（Spence，1973）。

信号传递理论的发展迅速对财务学及会计学的研究产生了影响。在所有权与经营权分离的现代公司治理机制下，具备信息优势的内部人如何有效地向市场传递信息，一直是相关领域的重要研究话题（Riley，2001）。从理论上分析，所有能够帮助内部人向投资者传递关于公司价值信息的方法，均可以降低投资者与公司之间的信息不对称，提高投资者对公司价值的认可度，促进公司市值的增长。从已有研究成果来看，内部人用于传递企业价值的方法主要包括股票回购（Vermanen，1981）、资本结构（Leland and Pyle，1977）、盈余管理（Subramanyam，1996）、股份禁售期（Brav and Gompers，2003）及股利政策（Aharony and Swary，1980）等。

综上所述，信息不对称对上市公司市值的持续增长造成了一定的危害：事前的信息不对称导致投资者无法获取足够的信息对公司价值进行准确的评判，导致上市公司市值偏离内在价值，扭曲了市场的资源配置效率；事后的信息不对称则导致管理者有动机通过机会主义行为获利，导致理性投资者在进行投资决策时降低对公司的估值。上述问题的普遍存在催生了学术界对信号传递等应对机制的讨论，也为市值管理奠定了理论基础：在社会分工精细化与资本全球化的背景下，具备信息优势的内部人如何应对信息不对称导致的公司市值偏离内在价值的问题，从而降低公司市值被明显低估的概率，促进市值的稳步增长。

二、市场有效性理论

有效市场假说是在产品市场完全竞争条件下经济利润为零的理论下扩展而来，着重强调股票价格对于公司信息的准确反映。在一个证券市场上，若市场参与者根据一组信息从事交易，长期来看，他们所获取的平均风险报酬将最终与按市场风险调整后的报酬率趋同。此时，股票市场是有效的（Jensen，1978）。影响证券价格的信息可以分为三类，分别是历史信息、公开信息以及未公开信息（Fama，1965）。有效市场假说认为，当市场是由完全理性的投资者组成时，有效是市场均衡的必然产物。即便投资者存在非理性行为，零交易成本也会促使市场主体进行大量的套利交易，最终帮助市场保持有效性。市场的有效性包括弱式有效市场、半强式有效市场以及强式有效市场三种类型。在弱式有效市场中，股票定价包含了历史信息；在半强式有效市场中，股票价格在历史信息的基础上进一步包含了公开信息；在强式有效市场中，股票价格充分反映了所有公开信息及未公开信息，投资者即便拥有未被公开的内幕信息也无法获取系统的超额报酬（Fama，1970）。

实证研究就市场的有效性进行了大量的检验。部分研究对有效市场假说提供了支持，如果市场对一个事件快速做出反应，且之后的股价波动能够被认为是与这一事件或之前的信息无关，则市场的有效性得到支持（Beaver，1968）。但更多的研究对市场有效性假说提出了质疑。事实上，有效市场假说通常被认为必须在满足三个前提假设的基础上才能成立。首先，假设投资者完全理性，所有投资者均遵循利益最大化原则，且他们对股票价格的评估是独立客观的；其次，股票市场是完全竞争的，即市场上不存在交易成本，所有市场参与者均可以自由买卖股票；最后，假设信息的获取成本为零，所有市场参与者均可以无成本地获取任何信息（黄政，2014）。但上述假设经常被认为脱离资本市场的实际情况，学术界一直对此进行不断的批判与反思。其中，对市场有效性假说形成最大挑战的是行为金融学理论。行为金融学家认为，投资者是有限理性的，他们会存在认知偏差及行为方式上的差异现象，其行为可能受到情感因素的影响。非理性的投资者无法正确辨别信息与噪声，并在决策时考虑噪声的影响，导致股票交易价格长期偏离其内在价值（Black，1986）。支持行为金融学理论的实证证据包括但不仅限于以下四类：盈余漂移现象（Freeman and Tse，1989；Bernard and Thomas，1989、1990）、周五现象（Cross，1973）、小公司效应（Banz，1981）以及羊群效应（Shiller，1995）等。虽然许多基于有效市场假说无法解释的异象是由于计量方法不当而产生的，但学术界无法通过技术调整消除各类异象，这是对有效市场假说的重大挑战（Fama，1998）。因此，学术界对各国股票市场的有效性并没有形成较为一致的看法，许多现象并不能用有效市场假说所解释。

本书的论述建立在资本市场并没有达到理想状态下的强式有效状态的基础上。首先，如果市场是强式有效的，股票价格就可以完全反映所有已公开及未公开的信息，信息不对称问题将不会产生，股价与内在价值之间就不存在偏离，管理层也无须通过市值管理，传递更多关于公司市值的信息。其次，当市场没有达到强式有效的理想状态时，公司市值围绕内在价值上下波动。公司市值波动会直接影响到其投融资行为的成本，例如，较高的市值可以降低公司的权益融资成本，并由此降低其投资成本。因此，公司倾向于在市值更高的情况下进行重大的投融资决策（Baker et al.，2002；Baker et al.，2003；Shleifer and Vishny，2003）。由此，管理层有动力密切关注公司市值波动，并积极通过市值管理维持市值的平稳上升，增加公司进行融资的时间选择，降低择时成本。综上所述，在市场没有达到强式有效的情况下，市值管理是公司维持市值平稳增长的重要方略。

第二节 市值管理的理论基础：我国股市的新兴市场特征与上市公司的委托代理问题

前文的论述表明，各国资本市场均存在实施市值管理的客观基础。然而，市值管理是股权分置改革后在我国资本市场上出现的特有提法，是全流通背景下资本市场参与者在价值管理理论的基础上，结合中国资本市场长期股权分置与市场有效性不足等背景提出的。中国上市公司长期的股权分置状态割裂了市值波动与内部人利益之间的联系，股权分置改革之前内部人对市值管理的需求较低。此外，我国股票市场是典型的新兴市场。与西方成熟资本市场相比，中国股票市场出现股价崩盘的风险更高，给国家金融系统稳定与投资者利益保护带来极大的风险。因此，如何提高股票定价效率，增强上市公司持续回报投资者的能力，便成为资本市场各方共同面对的迫切问题。

2005 年 9 月，股改第一股——三一重工的投资者关系管理顾问施光耀提出“上市公司需重视市值管理，以促进公司市值的持续稳健增长”。由此，市值管理概念在中国资本市场被明确提出①。2014 年 5 月，国务院出台《关于进一步促进资本市场健康发展的若干意见》，明确提出“鼓励上市公司建立市值管理制度”，这是从顶层设计层面对上市公司开展市值管理予以肯定，对于市值管理具有标志性的意义。然而，由于对市值管理的错误解读，部分公司甚至通过操纵股价或进行资本运作来推高市值，背离了市值管理的初衷。2015 年以来，监管部门加强引导上市公司建立科学规范的市值管理制度，强化信息披露监管，将新“国九条”的政策落实到位，市值管理由此逐步进入规范化发展阶段。在 2018 年全国两会上，国务院国资委有关“市值管理是国资管理的重要内容”的表态，更使市值管理的热度迎来爆发。

① 资料来源：中国证券报，转载自中国财经网，http：//finance. china. com. cn/stock/20150402/3036266. shtml。

一、我国股票市场的新兴市场特征与市值管理的重要性

本书认为，市值管理之所以在我国股票市场上被明确提出，是与我国股票市场的新兴市场特征与有效性偏低密切相关的。因此，要理解市值管理，应当将其置于我国股票市场的上述两个特征下进行。以下笔者将回顾学术界关于上述两个问题的部分文献。

新兴市场是一个在已有研究中被广泛提及的概念，定义新兴市场的最重要标准是“一国经济能够在多大程度上将买卖双方集合在一起”。但许多发展中国家无法有效达到这一标准，从而呈现新兴市场的特征（Khanna and Palepu，1997）。出现市场失灵现象的三大根源分别是信息问题、管制问题（misguided regulation）以及不健全的法制体系。以下将从这三点入手，介绍我国股市的新兴市场特征。

首先，在我国股票市场上，资金的供给方与需求方之间存在着高度的信息不对称。我国上市公司信息披露质量不容乐观，尤其是对于企业未来业绩有重要指示作用的非财务信息，更是上市公司信息披露工作中的短板（马连福等，2007）。除了上市公司自身的信息披露，各类信息中介也是资本市场信息流中的重要环节。例如，评级机构及审计机构能够通过为各类市场参与者提供较为完备的资信评级与鉴证服务，降低融资过程中的信息不对称。但我国的金融市场发展时间较短，具备高度独立性及专业胜任能力的第三方鉴证机构非常缺乏，各类评级机构在报告的数量及质量上均无法被各类市场参与者普遍认可（袁敏，2007）。此外，媒体等信息中介也可能由于交际关系或政治资源等因素，与上市公司进行合谋，进而削弱了其在信息披露中的正面作用（孔东民等，2013）。因此，作为资金供给方的股权投资者在进行投资决策时，所能获取的信息可能非常有限，投资者与上市公司之间存在严重的信息不对称。

其次，我国股票市场的发展长久以来运作机制不完善，市场进行资源配置的效率下降。中国股票市场脱胎于我国的转型经济，转型经济的一大特征是以市场及价格来配置资源的市场经济体制尚未真正建立，政府仍在资源配

置中发挥重要影响（徐睁等，2003）。新兴加转型的双重特征，导致了政府行为在中国股票市场资源配置中的重要影响，进而引发了一些公司治理问题（夏立军等，2005）。以股票发审制度为例，政府对发行额度与上市资产盈利能力的管控，引发了资产剥离在国有企业改制上市中的盛行（郑国坚，2008）。资产剥离快速提高了国有上市公司的盈利能力，但却割裂了原有的完整的生产链条，造成母公司背负大量盈利能力较差的资产。历史遗留问题的大量存在，导致母公司只能通过占用公司资金等方式维系经营，进而降低了企业的经营业绩，侵害了中小股东利益（邓建平等，2007）。

最后，我国投资者法律保护体系不完善，投资者难以得到具有实质效用的法律保护，投资者权益无法得到有效保障。法律体系对于上市公司治理与资本市场健康发展的重要作用已经为学术界所广泛认同。已有研究表明，良好的投资者法律保护机制，能够促使上市公司发放更多的现金股利、提高公司价值（La Porta et al.，2002），并最终促进资本市场的良性成长（La Porta et al.，1997）。然而，我国的法律体系对股市投资者的保护力度相对薄弱。投资者保护立法工作滞后、相关法规执行力度不足，上市公司与政府在就业与税收等方面的利益交织等问题叠加在一起，造成了我国证券市场投资者保护力度的严重不足，导致公司舞弊与大股东侵占中小股东利益等不法行为的频繁出现[①]。在这样的环境下，我国上市公司并没有形成较为健全的投资者回报机制，分红水平较低（Huang et al.，2011），投资者财富增长无法得到保障。

制度的不完善增大了专业投资者在股市中进行交易的成本，影响了股票市场形成较为合理的投资者结构。在我国股票市场上，具备专业优势的机构投资者发展历程短，持股比例低，股市投资者仍以中小散户为主。截至2013年底，沪市个人投资者与专业机构投资者持股流通市值比重分别为55%及29%（上海证券交易所资本市场研究所，2014）。散户在信息及专业能力方面的弱势降低了他们对股票进行合理估值的能力，妨碍了市场对信息的有效处

① 以万福生科为例，考虑到水稻生产销售涉及的农户经济利益、职工队伍稳定与潜在的土地纠纷等因素，湖南省政府曾向证监会发函，希望证监会参照云南绿大地的处理方式，支持万福生科不暂停上市。资料来源：新华网，转自人民网，http：//news. xinhuanet. com/fortune/2014 -01/02/c_125945451. htm。

理。与此同时，在监管法规不完善且基金本身代理问题不容忽视的环境下，机构投资者的羊群行为等非理性行为甚至可能比个人投资者更明显（李志文等，2010），这样的非理性行为进一步加剧了市场的风险，降低了我国股市的有效性（许年行等，2013）。

上述因素的叠加造就了我国股票市场有效性偏低的现状。例如，已有研究验证了盈余漂移现象在我国资本市场上的普遍存在，证明了公司股票价格并没有及时包含未预期盈余信息（吴世农等，2003；孔东民等，2007）。因此，中国上市公司的股价波动没有充分反映市场上的信息，中国股市并不是有效的（俞乔，1994）。虽然后续一些研究指出，我国股票市场已经呈现出弱式有效市场的特征（张兵等，2003）。但整体而言，我国股票市场尚未达到半强式有效市场的状态，股票价格并没有及时准确地对相关信息做出反应。因此，我国上市公司亟须通过积极有效的市值管理，尽可能地实现公司市值对于内在价值的正确反映。

股票市场有效性的不足还会降低市值波动对于内部人决策的影响，导致他们对公司市值的关注度不足。例如，为了优化决策，管理者通常会从股价中获取信息（Subrahmanyam and Titman，1999）。管理者在进行项目投资或并购等重大决策时，会向市场学习相关信息，以降低决策风险（Chen et al.，2007；Luo，2005）。但管理层在进行重大决策时对股价的重视度会受到股价信息含量的影响：股价信息含量越高，对管理层决策的参考价值越大（Durnev et al.，2004）。与现有理论相符合的是，由于我国股票市场有效性偏低，市值中包含的有关公司基本面信息较少，市值波动并不会显著影响管理层的投资决策（Wang et al.，2009）。由此可见，股票市场有效性的偏低，可能削弱管理层对于公司市值波动的关注，也降低了他们关注市值管理的积极性。

综上所述，我国股票市场具备典型的新兴市场特征，有效性较低，公司股价对基本面信息的反映效率较低，由此也造成管理层对于公司市值关注度不足，降低了公司决策的科学性。因此，监管层明确提出鼓励上市公司加强市值管理，有助于提高上市公司及其内部人进行市值管理的意识，最终实现提高上市公司质量、维护投资者权益与资本市场有序发展。

二、我国上市公司的委托代理问题与市值管理动力的不足

委托代理问题广泛存在于现代公司中。我国上市公司面临着复杂的委托代理问题。首先，我国上市公司股权集中度高①。在投资者保护法律体系不完善的情况下，大股东可能通过资金占用、关联交易及恶意派现等方式转移公司资源，侵占中小股东利益（Jiang et al.，2010；Berkman et al.，2009；Chen et al.，2009）。其次，我国上市公司存在着不容忽视的管理层与股东之间的代理问题。作为我国上市公司的重要组成部分，国有企业面临着“所有者缺位”的问题，并由此引发了国有企业管理层与股东之间的代理问题。即便在产权较为明晰的家族企业中，利他主义促使业主与家族经理人互相关注对方的效用，无法实现有效的管理层考核与聘用机制。这种利他主义可能会导致业主对家族经理人不尽职行为的纵容，并挫伤职业经理人的积极性，加剧管理层与股东之间的代理冲突（王明琳等，2006）。

为了降低代理成本，学术界进行了大量的探讨，股票市场便是应对代理问题的一个重要机制。例如，股票市场可以通过股权激励及控制权转移等途径，将管理者报酬及职位安全与公司市值波动相联系，实现对管理层的监督（Holmström and Tirole，1993）。股票价格波动还会影响控制权共享收益，约束大股东的掏空行为（李增泉等，2004）。然而，由于股权分置及管理层激励机制的不完善等原因，公司市值作为内部人行为的约束机制的治理作用一直没有得到充分的发挥。结合已有文献对我国上市公司代理问题的讨论以及股权分置改革背景的介绍，后文拟对市值管理在我国被明确提出的背景进行梳理回顾。

1. 管理层与股东之间的委托代理问题

管理层与股东之间的代理问题是我国上市公司治理中的重要问题。

首先，由于“所有者缺位”现象的存在，管理层与股东之间的代理冲突

① 根据CSMAR提供的数据，2013年末，我国上市公司第一大股东持股比例均值为36%，第一大股东持股比例是第二大股东持股比例的13.36倍，第一大股东持股比例优势明显。

一直是国有企业提高治理效率过程中的一大问题。国有企业的实际所有者分散，且国家直接依据政权的力量获取对国有企业的经营权，上述情况导致所有者没有足够的动力与能力来制定有效的机制，并通过执行这些机制来监督管理层为了股东财富勤勉工作（杨瑞龙，1997）。在政府代为履行所有者职责对国有企业进行直接监督的情况下，由于专业分工的细化，政府在大多数情况下并不具备管理企业的专业能力，信息不对称问题严重。此外，我国国有企业实施薪酬管制，作为重要激励机制的薪酬制度在国有企业中无法发挥其应有的作用（李新春等，2006）。因此，在有效的监督与激励机制无法到位的情况下，国有企业往往存在着较高的第一类代理成本，管理层并没有对股东财富增长给予足够的重视（武常岐等，2011）。

其次，民营企业也同样可能存在着较为严重的第一类代理问题。家族企业是我国民营企业中的最重要组成部分。早期研究认为，家族企业中所有权与经营权的高度统一缓解了第一类代理问题（Anderson and Reeb，2003）。但随着研究的持续深入，学者们逐渐发现，由于家族企业中同时存在着家族经理人与职业经理人（Faccio and Lang，2002），对传统代理理论的简单借鉴无法清晰地分析家族企业的代理问题。血缘及亲情引发的利他主义导致创始人股东对家族经理人产生纵容行为，家族经理人的报酬与职位安全均不基于企业绩效来制定（Kole，1997）。创始人股东的上述行为还可能引发职业经理人的不公平感，诱使他们采取更多的机会主义行为（Baldrigle and Schulze，1999）。因此，即便是在产权较为明晰的民营企业中，也可能存在着不容忽视的第一类代理问题（王明琳等，2006）。在管理层薪酬或职位安全没有与市值紧密相连，且股权激励并没有被普遍使用的情况下，我国上市公司市值的增长可能并没有得到管理层的充分重视。

在证明了第一类代理问题普遍存在的基础上，现有研究还对我国上市公司管理层的获利方式进行了研究，其中最具代表性的可能包括以下四类行为。

（1）超额报酬。早期的研究认为，与业绩相联系的高管报酬是激励管理层为股东服务的最重要机制。但随后的研究逐渐发现，由于管理层的信息优势以及他们在选聘董事人选上的重要影响力，管理层可以显著影响激励契约的制定，他们的权力是影响报酬水平的重要因素（Bebchuk and Fried，2003）。

针对我国上市公司的研究同样证明了高管可以利用控制权为自己谋取更高的报酬，例如，当总经理兼任董事长或者来自控股股东单位时，其报酬水平更高（王克敏等，2007）。报酬契约中的业绩指标的采用也可能受到高管的影响，具体来说，高管报酬与更易被操纵的会计业绩指标具有紧密联系，但与市场业绩及现金绩效等更难操控的指标之间的相关性则较弱（吴育辉等，2010）。此外，高管还会在公司业绩上升时获取更高的报酬，增加幅度显著大于公司业绩下降时高管报酬的下降幅度（方军雄，2011）。由此可见，超额报酬是我国上市公司高管谋取私利的重要途径。

（2）在职消费。在职消费有多种表现形式，可能包括娱乐餐饮消费、专车专机以及装修华丽的办公室等。在职消费曾经被视作薪酬之外的有效补充，但在同等职务的高管为公司创造相同收益的情况下，在职消费增加了完成工作所需要的成本（Hart，2001）。后续研究还发现，提高高管薪酬并不能显著减少他们的在职消费，进一步印证了在职消费对股东利益的损害（Rajan and Wulf，2006）。中国上市公司高管在职消费的主要形式可能包括会议费、差旅费、接待费以及办公费等（陈冬华等，2005），针对我国上市公司高管在职消费的研究同样为代理冲突理论提供了支持。管理层权力越大，在职消费越多，且在职消费降低了公司业绩（卢锐等，2008）。当公司治理效率较低时，高管会更多地进行在职消费，以满足个人的娱乐及差旅需求（Cai et al.，2011）。

（3）过度投资。过度投资是指公司将资金投资于净现金流现值小于零的项目，利用公司的自由现金流进行过度投资是第一类代理问题的典型表现。自由现金流假说指出，当公司在所有能够产生正现金流的项目进行了投资之后仍有较多的自由现金流时，公司应将其作为现金股利分配给股东。但是，考虑到公司规模的扩大有利于管理层获得更多的私利，剩余的现金可能被用作过度投资，且企业规模扩张而带来的租金与高管薪酬可能是相互补充的激励机制（Jensen，1986）。我国上市公司现金股利分配水平低，且不同产权性质的公司的高管激励契约存在差异，为检验上述假说提供了良好的制度环境。已有研究表明，我国上市公司确实存在着过度投资行为（唐雪松等，2007）。支付现金股利与公司治理的改善可以减少国有企业内部人的过度投资行为，且薪酬契约的失效确实会导致过度投资，验证了过度投资的代理冲突假说（魏明海等，2007；辛清泉等，2007）。

（4）信息操纵。由于会计信息经常被用于股票估值或考核高管受托责任的履行情况，会计信息的确认与计量又具有一定的灵活性，高管通常会通过操纵会计信息来实现个人利益的最大化。管理层权力越大，他们通过盈余操纵获取的收益越多，这样的操纵性薪酬会降低企业价值（权小锋等，2010）。管理层的盈余操纵行为甚至可以影响高管变更或者控制权转移这两类机制的治理效应，总经理变更后，新上任的总经理会在上任当年利用应计项进行向下的盈余管理，实现降低公司业绩起点的目的（林永坚等，2013）。此外，为了应对离职风险，管理层可以与买方合谋，通过负向盈余管理压低控制权转移的价格。向下盈余管理程度越大，公司控制权转移价格越低，管理层保住工作机会的概率越高（王克敏等，2014）。综上可知，管理层可以通过盈余操纵的方法获取私利，这种行为降低了薪酬契约、高管变更及控制权转移等治理机制的效率，对公司价值可能造成负面影响。

2. 大股东与中小股东之间的委托代理问题

我国资本市场脱胎于为国企脱困服务的大背景下，保持政府对国企的控制权以及投资者保护法律体系不完善等制度因素共同造就了我国上市公司高度集中的股权结构。超过3/4的上市公司，第一大股东持股比例超过25%。他们实现集中持股的最普遍控制方式是金字塔持股。与此同时，第二至第十大股东持股比例之和的中位数仅为17.18%，较难对第一大股东进行有效的制衡。股权分置改革的完成赋予大股东转让其所持股份的权利，公司股权集中度有所下降，但股权集中度较高的现象并没有发生质的改变（沈向光，2013）。

已有研究认为，在股权集中的治理结构下，上市公司的主要治理问题不是管理层和股东之间的冲突，而是大股东与中小股东之间的冲突（Shleifer and Vishny，1997）。大股东与中小股东之间的代理冲突，源于大股东对控制权私利的追逐。根据理性经济人假设，大股东会在控制权共享收益与控制权私利这两类获利方式之间进行成本与收益的权衡。大股东持股特征以及投资者保护机制的完善程度是影响其获利方式选择的两个最重要因素，首先，集中的股权结构导致大股东牢牢掌握着企业的控制权，他们往往通过交叉持股、金字塔结构及双重股票等方式持股，使其投票权高于其现金流权。在大股东投票权高于现金流权的情况下，他们获取控制权私利的收益大于控制权共享收益的损失（Claessens et al.，2002）。其次，投资者法律保护越完善，大股东利益侵占行为的法律风险越大，越能遏制其对中小股东利益的侵占（La Porta et al.，2002）。因此，当投资者法律保护体系不完善，且大股东持股出现投票权与现金流权分离时，他们有强烈的动机进行利益侵占行为。已发现的利益侵占行为包括企业集团并购（Bae et al.，2002）、集团内部的定向增发（Baek et al.，2006）、关联交易（Cheung et al.，2006）、将不具备才能的家族成员安置于公司管理层（La Porta et al.，2000）等。

鉴于我国上市公司高度集中的股权结构以及薄弱的投资者保护机制，学术界对我国上市公司大股东的利益侵占行为进行了大量的研究。前文所提及的大股东“一股独大”与投资者保护力度不足，为大股东进行利益侵占提供了必要条件。此外，上市公司 IPO 过程中的资产重组与股权安排，也为大股东的利益侵占行为提供了进一步的便捷条件。在公司为了达到上市条件进行重组的过程中，大股东控制下的内部市场得以建立，使得大股东可以通过更为隐蔽的方式攫取上市公司资源（郑国坚，2008）。在 2005 年股权分置改革之前，与大股东有关的第二类代理问题尤其严重。我国上市公司在股权分置改革以前存在“二元股权结构”，控股股东和其他法人股东无法通过二级市场交易获利，掏空行为所造成的公司基本面恶化与股价下跌与大股东利益无关，促使他们通过攫取上市公司资源获取利益。具体而言，大股东通过“掏空”行为获取控制权私利的主要方法可能包括以下五种。

（1）资金占用。由于国企改制等历史原因，大股东通过占用上市公司资金来获取控制权私利的做法，一度在我国资本市场上非常普遍。据统计，2002 ~2004 年我国超过 1/2 的上市公司存在控股股东占款现象，公司每年被占用的资金平均达到 680 亿元（邓建平等，2007）。与关联交易等方式相比，资金占用对上市公司及中小股东的利益侵占更为直接。巨额的资金占用侵占了上市公司的发展机会，极大地危害了公司的盈利能力，进而给公司股价造成负面影响，甚至导致公司被摘牌，极大地损害了外部投资者的利益（Jiang et al.，2010）。

（2）关联担保。考虑到担保所带来的法律责任及经济成本，大股东利用上市公司为自身及其关联方进行贷款担保是一种典型的利益侵占行为。据统计，2001～2003年，有三成以上的上市公司存在对外担保行为，每家公司的年均担保金额高于1.77亿元。在这3年间，有200多家上市公司的担保金额超过公司净资产总额的1/2（冯根福等，2005）。此外，2001～2004年，非金融业上市公司关联担保的发生概率、次数与金额，均呈现逐年递增的趋势（高雷等，2007）。频繁出现的关联担保行为对上市公司发展造成了显著的负面影响，为关联方提供贷款担保的上市公司，其盈利能力与成长性均较差，负债率则更高。关联担保程度越高，公司价值越低（Berkman et al.，2009）。文章对上述结果的解释是，关联贷款担保可以让大股东以更低的成本获取资金，甚至在无法偿债时将偿付义务推给上市公司，这样的行为极大地损害了公司的发展及中小股东的利益。为了更直观地反映大股东通过资金占用及关联担保获利的情况，表2-1提供了上述两种行为的若干典型案例。

表2-1　大股东占款及上市公司违规为关联方提供担保的典型案例

公司简称	公告年份	大股东占款及上市公司担保行为概况
ST猴王	1999	控股股东猴王集团占用上市公司款项8.9亿元，公司总资产为9.34亿元
三九医药	2001	控股股东三九集团及其关联方占用上市公司资金超过25亿元，占公司净资产95%
ST长控	2001	控股股东泰港实业要求上市公司为其提供过亿元担保，拖欠股权转让款及占用公司资金超6000万元
济南轻骑	2000	对控股股东轻骑集团的应收账款达到10.73亿元
澳柯玛	2006	控股股东占款19.47亿元
托普软件	2004	违规担保总额超过16亿元，为净资产的3.6倍
西昌电力	2005	为关联方累计担保9.58亿元，占上市公司净资产的167%

资料来源：吴育辉，《股权分置改革后控股股东新的掏空行为研究》以及作者根据财经报道整理。

（3）关联交易。与上述两类行为相比，关联交易是否可以确认为大股东的掏空行为一直存在一定的争议。关联交易在一定程度上能够起到降低公司交易成本、提高经营效率的作用。在市场化水平较低及要素市场不发达的地区，关联购销越普遍，证明了关联交易的效率提升作用（刘凤委等，2007）。但关联交易也可能成为大股东实施掏空行为的方法，甚至异化为大股东帮助公司达到上市条件、避免亏损或者满足再融资条件的机会主义行为。例如，当公司需要避免亏损或者进行配股时，大股东主导的关联并购能够显著改善公司业绩，但在其他情况下，这样的关联交易却会造成公司价值的折损（李增泉等，2005）。

（4）盈余管理。盈余管理从本质上来说是企业的一种信息披露行为，大股东并不会通过盈余管理获取控制权私利。但是，盈余管理却是大股东实施掏空行为的必要辅助方法。首先，盈余管理可以帮助大股东满足上市条件或再融资条件，为他们提供更多可以掏空的资源。以再融资为例，根据我国证监会的规定，上市公司实施配股需要满足一定的业绩条件。配股融资是我国上市公司在股权分置时代最重要的股权再融资方法，为了达到证监会对于配股融资的业绩要求，上市公司存在明显的盈余管理行为（Haw et al.，2005）。其次，在掏空过程中，上市公司可能存在大量的应收项目或者存在支付高额现金换取不等值资产的情况。为了掩盖大股东的掏空行为对公司盈利能力造成的负面影响，降低大股东的法律风险，上市公司可能降低盈余质量（佟岩等，2007）。

（5）发放高额股利。现金股利是否成为大股东掏空的方法，学术界仍然存在一定的争议。部分研究认为，现金股利是一种治理机制，能够通过减少企业的自由现金流，抑制内部人的机会主义行为（杨熠等，2004）。但另一部分研究则认为，非流通股股东与流通股股东在取得股票时的原始成本上存在显著差异，但非流通股股东无法通过在二级市场进行交易获取资本利得收益。因此，大股东选择先通过股权再融资从中小股东手中募集现金，进而通过现金股利将资金合法转移到自己手中。虽然现金股利在西方理论界被视为典型的控制权共享收益，但在我国的制度背景下，现金股利为非流通股股东带来的投资回报率远大于流通股股东，因而成了大股东获取控制权私利的重要方法（Chen et al.，2009）。

综上所述，在大股东所持股份无法上市流通的背景下，已有文献在分析大股东利益侵占行为时，已经形成了一个贯穿上市公司各经营环节的完整的利益链条（吴育辉，2012）。大股东通过关联交易或者应计项盈余管理，帮助公司达到上市条件。在公司实现首发上市后，大股东通过资金占用、关联交易或恶意派现，将利润及现金从上市公司转移出去。大股东的掏空行为侵占了上市公司发展所需的资源，导致公司业绩下滑。为了帮助公司避免亏损并掩盖掏空行为，大股东再次实施关联交易或者盈余管理。若公司业绩接近再融资条件，大股东则会通过上述方式帮助公司实现再融资，并通过资金占用、关联交易或恶意派现，套取募集资金。在极端情况下，公司可能出现基本面极度恶化的情况。为了避免公司被退市，大股东可能采用关联并购的方式，将优质资产注入公司，保住公司的上市资格，由此也造成了我国资本市场上独有的“不死鸟”现象。①

3. 股权分置改革对我国上市公司治理及市值管理动力的影响

股权分置在我国资本市场上的存在具有特定的制度背景。我国证券市场设立的初衷是推进国有企业改革。20 世纪 80 年代中期，为了提高国企经营效率，我国国有企业开始提出股份制改革的设想，股份制改革的其中一个思路就是推行股权筹资。当时的国有企业面临着产权不明、亏损严重、资本结构不合理、资金严重短缺等问题，其融资长期依赖国有商业银行，导致国有商业银行也相应地面对着巨大的经营风险。因此，推进股份制改革、发展股票市场、拓宽融资渠道成为国有企业发展的必然选择，我国证券市场就是在这样的大背景下应运而生的。

1990 年，深沪证券交易所设立。1991 年，为了解决试点股份制公司的资金困境，同时又能保持这些企业的国有控股地位，有关部门提出了“国有存量股份不动，增量股份筹集转让”的制度安排：试点股份制公司经批准后面向社会公众发行的新增股份（被称为社会公众股）可以上市流通，但企业进行股份制改造时的存量股份（包括国有股、法人股及内部职工股等）则暂时

① 据统计，A 股上市公司退市制度自 2001 年启动以来，退市公司合计 78 家，仅占当前全部 2500 多家上市公司总数的 3.3%。濒临退市的公司大多通过资产注入、政府补助及债务重组等方式保住上市地位。资料来源为《新财经》，转引自东方财富网，http://finance.eastmoney.com/news/1353/20140910422246594.html。

不能上市流通。此外，股票发行制度先后采用额度制（1993～1996 年）和指标制（1997～2001 年）的审批上市方式：经审批后获得上市资格的绝大多数为国有企业，每个省份能够获得的上市指标及融资额度有限。为了满足更多企业的融资需求，每个企业只可以将大约 1/3 的股份用于上市流通。由此，股权分置的制度安排成形并在我国股票市场上沿袭了下来。

在股权分置时期，上市公司约 65% 的股份不上市流通。这些股份主要由上市前存在的股东持有，包括控股股东、其他创立公司的股东，以及公司创立后和上市前加入的股东。如果按性质分类，这些股东主要为国有股东、法人股东和企业家，少部分的外资股东以及公司职工（Allen et al.，2005）。非流通股份不能在二级市场上自由交易，其转让必须在一级市场通过协议进行，国有股的转让还需要通过有关部门审核，且转让价格在净资产的基础上确定。流通股则主要由分散的机构投资者和个人投资者所持有，这部分股份可在证券交易所上市交易，且流通股比例较小。股权分置的安排使国有企业既可上市融资又能保持国家对这些企业的控制权的安全，是我国股票市场在特定历史条件下的产物，在股票市场建立初期起到了搁置争议、控制股票市场供给以及促进股市发展的作用。但随着股票市场的逐步发展，股权分置所带来的问题也逐渐显现。股权分置严重削弱了兼并收购市场的治理和资源配置功能（Allen et al.，2005），并导致非流通股股东不关心股价，促使他们通过将资源转移出公司的方式获取控制权私利，极大地危害中小股东的利益，妨碍了资本市场的健康发展。

随着股权分置所导致的弊端逐渐显露，股权分置问题的解决成了资本市场各方共同关注的焦点问题。2005 年 4 月，证监会发布了《关于上市公司股权分置改革试点有关问题的通知》，股权分置改革正式开始。截至 2006 年末，完成股改或进入股改程序的上市公司占沪深两市上市公司数的 93%，市值占所有上市公司总市值的 96%。2006 年 12 月 26 日，时任证监会主席尚福林在“中国金融论坛”上表示，“股权分置改革基本完成”。[①] 在股权分置改革过程

① 转自新华网报道，资料来源：http：//news. xinhuanet. com/fortune/2006 - 12/26/content_5534344. htm。

中，针对长久以来治理效果甚微的大股东资金占用、上市公司违规担保、信息披露不规范等问题，监管机构相继出台了一系列的法律法规，治理上述危害上市公司及中小股东利益的行为。表 2－2 列示了自股权分置改革启动以来，监管机构为遏制大股东各类掏空行为、规范上市公司行为而出台的主要法律法规。由此，针对大股东转移资产的各类掏空行为的监管力度有了较大幅度的提高，大股东通过传统掏空方式获利的法律风险显著增大。

表 2－2　股权分置改革后加强上市公司治理的主要法律法规

时间	治理内容	法律法规	发布单位
2005 年 6 月	资金占用及对外担保	关于集中解决上市公司资金被占用和违规担保问题的通知	证监会
2005 年 10 月	公司治理	关于提高上市公司质量意见	国务院
2005 年 11 月	对外担保	关于规范上市公司对外担保行为的通知	证监会及银监会
2006 年 3 月	公司治理	上市公司章程指引（2006 年修订）	证监会
2006 年 5 月	资金占用	关于进一步加快推进清欠工作的通知	证监会
2006 年 6 月	资金占用	中华人民共和国刑法修正案（六）	全国人民代表大会常务委员会
2006 年 11 月	资金占用	关于进一步做好大股东占用上市公司资金工作的通知	证监会、公安部、人民银行、国资委、海关总署、税务总局、工商总局及银监会
2007 年 1 月	信息披露	上市公司信息披露管理办法	证监会
2007 年 3 月	公司治理	关于开展加强上市公司治理专项活动有关事项的通知	证监会
2008 年 8 月	股利政策	关于修改上市公司现金分红若干规定的决定	证监会
2014 年 5 月	公司治理	进一步促进资本市场健康发展的若干意见	国务院

资料来源：吴育辉，《股权分置改革后控股股东新的掏空行为研究》。

除了法律风险的增大，掏空行为的经济后果可能也会影响大股东行为。将资产转移出上市公司的传统掏空行为会严重危害上市公司的经营业绩，导致公司股票价格下跌（Jiang et al.，2010）。全流通之后大股东的股票可以在二级市场自由交易，大宗交易制度的推出进一步提高了大股东通过交易股票获取资本利得的可行性，股票价格的变动直接关系到大股东自身财富的增减，增大了其通过资金占用及违规担保等方式获取私利的经济成本，促使其转变利益获取方式。以民营企业为例，股权分置改革减少了大股东通过过度负债、资金占用及关联交易相结合的方式侵占上市公司利益的行为，证明了股权分置改革对上市公司治理的提升（Liu and Tian，2012）。由此可见，法律监管力度的加大及股票上市流通所带来的财富效应会在一定程度上改变大股东各类利益获取方式的成本效益函数，可能增强他们通过上市公司市值增长获利的意识。

股权分置改革的完成缓解了大股东与中小股东之间的利益割裂，大股东的经济利益开始与公司市值表现密切相关，从而促使上市公司将目标逐渐从单一的利润最大化转变为同时关注公司的盈利与市值增长。然而，股权分置改革却可能没有实现管理层与股东利益的真正趋同。首先，美国上市公司主要通过股权激励实现管理层对公司市值的关注。例如，截至 1999 年底，美国 NASDAQ 的上市公司有九成以上实施了股票期权（Hall and Murphy，2002）。但在我国，2006 年 1 月 1 日《上市公司股权激励管理办法（试行）》开始实施，股权激励制度在我国被正式确立。整体来说，由于股权激励的发展时间比较短，大多数的上市公司并没有实施股权激励。截至 2012 年底，有 377 家上市公司推出股权激励计划，其中，民营企业所占比重超过 80%，国有企业实施股权激励的现象仍不普遍（刘峰等，2014）。其次，我国上市公司缺乏对管理层进行市值考核的意识，尤其是占据了资本市场半壁江山的国有企业。国有上市公司的控制人为中央或地方各级国有资产管理部门，这些国有股的市值波动与管理层利益关联度并不高，国企管理层的激励机制主要包括薪酬、在职消费以及政治升迁（陈冬华等，2005；杨瑞龙等，2013），上述激励机制与公司市值之间并没有进行直接的绑定。而在民营企业中，高管的考核与激励也可能受到血缘及亲情等因素的影响（王明琳等，2006），无法实现高管利益与公司市值增长的合理捆绑。因此，全流通虽然实现了不同股东之间的利益趋同，却可能没有立即赋予管理层密切关注公司市值的动力。

第三节　市值管理的定义、行为分类与文献述评

一、市值管理的定义与三大环节

现有研究认为，市值管理是价值管理理论在我国资本市场的发展和应用。价值管理是指以价值评估为基础，以实现公司价值增长为目的的一种综合管理模式。价值管理理念萌芽于20世纪80年代的美国企业界，后经由麦肯锡公司的运用得以被美国企业普遍采用。价值管理要求企业管理者在战略规划、预算控制、绩效评价、投融资决策等环节中始终致力于提升企业价值，区别于传统的企业管理模式更多地关注会计利润与股东账面权益，价值管理更注重企业整体价值的提升，更少地受到会计信息局限性的影响（翁世淳，2010）。在企业经营中贯彻价值管理的一个重要前提是，企业价值存在客观明确的度量标准。莫迪利安尼和米勒（Modigliani and Miller，1958）为此提供了一个衡量标准，即企业价值等于按与其风险相匹配的折现率对预期现金流进行贴现的现值。由此，价值管理理论被定位为以价值评估为基础，以规划与管理决策为手段，整合各种价值驱动因素与管理技术，梳理管理与业务过程的新型管理框架（汤谷良，2003）。

市值管理的备受关注促使学术界对其展开广泛讨论。目前，国内学术界专门针对市值管理的理论分析主要以价值管理理论为基础，探讨了市值管理的理论变迁过程及其主要环节等内容。翁世淳（2010）指出，市值管理是使股东价值管理理论与利益相关者价值管理理论相融合的发展路径。张济建和苗晴（2010）则认为，市值管理包括价值创造、价值经营与价值实现三大紧密相连的环节。他们还进一步指出，价值管理强调从企业微观层面通过价值创造提升企业价值，并不考虑这一内在价值在市场上的反映，这是价值管理与市值管理之间存在的一个重要差异。进一步地，夏鑫等（2013）以利益相关者视角为切入点，深入阐述了三大环节的要义。他们指出，价值创造是指企业确定公司关键价值创造驱动要素，有针对性地采取各种价值创造的方法，

提高内在价值，是市值管理的基础。价值经营应考虑公司市值与内在价值之间的差异，做到相机而动，实现公司与利益相关者的效用最大化。价值实现则是市值管理的最终结果与表现，目标是在不过度偏离内在价值基础上实现市值稳步提升。图 2－1 概况了市值管理的三大环节。

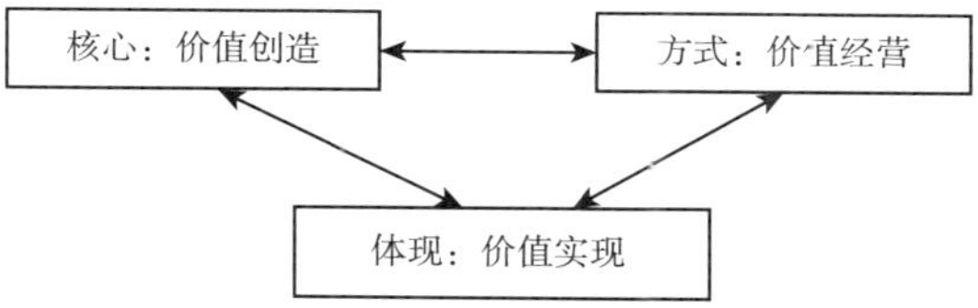

图 2－1　市值管理的三大环节

三大环节论为学术界构建市值管理框架提供了重要的基础，与陈雁龙和胡玉涵（2016）的观点一致，本书认为，尽管价值创造是市值管理的基础，市值管理的侧重点仍应该落在价值实现和价值经营，这也是其区别于价值管理的所在。价值经营应考虑公司市值与内在价值之间的差异，做到相机而动，实现公司与利益相关者的效用最大化。当公司市值显著低于内在价值时，市值管理要求内部人积极采取措施向市场传递积极信息，具体措施包括内部人增持、股票回购与投资者关系管理等。而当公司市值高于内在价值时，内部人应利用公司的估值优势，相机实施融资与并购等行为，降低公司投融资成本，实现公司内在价值与市值的双重提升。三大环节相互联系，存在互为依托的紧密关系。由此，本书认为，市值管理指将企业经营发展与资本市场运作相结合的战略管理模式，即公司建立一种长效组织机制，增强内部人在进行决策时对市值的关注度，通过与资本市场保持准确、及时的信息交互传导，促使股价充分反映内在价值，实现以内在价值为支撑的公司市值与投资者利益最大化。通过归纳已有文献的观点，本书将市值管理行为及上市公司在不同阶段的应对方式如图 2－2 所示。

二、市值管理行为：上市公司如何应对市值波动

已有研究指出，内部人会根据市值与内在价值之间的偏离情况，相机采

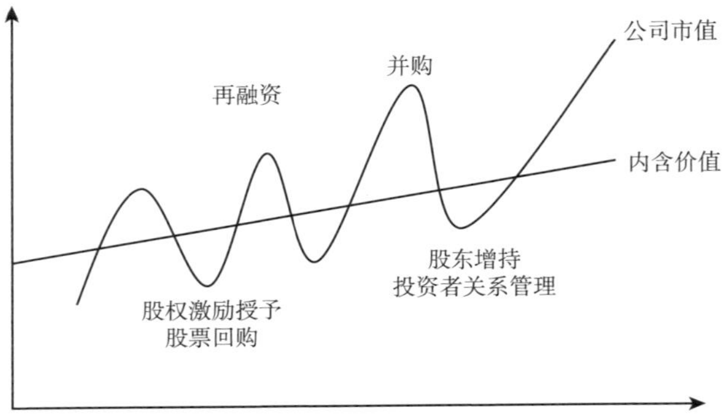

图 2－2　市值管理方式与动态过程

取各类市值管理行为，以实现公司市值的持续稳步增长。根据市值与内在价值之间的偏离情况，本书进一步将市值管理行为划分为传递信息类行为与利用时机类行为。具体包括以下两种。

1. 传递信息类市值管理

传递信息的市值管理以信息不对称理论为基础。与内部人相比，外部投资者处于信息劣势，投资者对公司市值的评估与内在价值之间可能存在一定的偏误。因此，传递信息的市值管理强调内部人通过信息传递降低公司市值被显著低估的风险。具体地，股票回购、内部人增持、股权激励与投资者关系管理等是资本市场上最为常见的传递公司价值信息的市值管理行为。

（1）股票回购。

股票回购是指公司按照一定程序购回发行在外的本公司股份的行为，购回后的股份可以作为库藏股或将其注销。股票回购的方式主要有公开市场回购（open market repurchase）、要约回购（tender offer）以及私下转让（private transaction）等方式。其中，公开市场回购是指公司在股票市场以投资者的身份，委托在证券交易所拥有交易席位的证券经营机构，按照公司股票的当前市场价格进行回购，是美国资本市场上最常见的回购方式。要约回购是指企业在特定时间发出以高出股票当前市价的价格水平，回购既定数量股票的要约。股票回购可以减少公司流通股数量，提升公司每股盈利等财务数据，减少公司的自由现金流，并向市场传递公司股票价值被低估的信息，提升公司市值。股票回购在美国资本市场上被广泛采用，据统计，2013～2017 年美国上市公司平均每年回购约 4400 亿美元，而 2018 年上半年的股票回购规模已经超过 5000 亿元①。

股票回购的普及引发了学术界对其动机及市场反应的广泛关注。股票回购与市值管理之间存在着相互影响的关系：一方面，公司市值会影响管理层进行股票回购的成本以及时机选择，公司股价越低，管理层进行股票回购的成本越低；另一方面，现有研究表明，向资本市场传递公司股票价格被低估，提升公司市值，是股票回购的一个重要动机（Ikenberry et al.，1995；Dittmar，2000；Baker et al.，2003）。股票回购的信息传递观充分体现了市值管理的内涵：信息不对称导致公司市值低于真实价值，拥有信息优势的管理层通过回购向市场传递公司市值被低估的信号，以促使投资者对公司市值进行重新评估。赞同这个观点的学者认为，由于管理者与投资者之间存在信息不对称，投资者无法完全准确地评价公司的价值，如果管理者认为股票价值被低估或者公司未来盈余优于市场预期，公司就可能选择通过股票回购向投资者传递信号。在宣告进行公开股票回购的美国公司中，说明回购理由的公司大多声称回购是因为公司股价被低估（Ikenberry et al.，1995）。针对美国上市公司高管的问卷调查结果也表明，公司回购最重要的原因就是股价被低估（Baker et al.，2003）。

学术界对股票回购公告的市场反应为上述理论提供了支持，总体而言，现有研究对股票回购对公司市值的提升形成了较为一致的看法。股票回购能在一个较长的时期内提高公司股价，作用时间甚至长达 4 年（Ikenberry et al.，1995）。股票回购还能够帮助公司抵御突如其来的市场风险。例如，以 1987 年美国股市的“黑色星期一”事件为背景，研究发现，这些公司在“黑色星期一”中股价下跌，但随后的回购公告帮助公司股价反弹，并获得正的异常收益率，这种效应在公告后 40 天内依然存在（Netter and Mitchell，1989）。由此可见，股票回购是管理层对外传递公司市值被低估的信号，是促进公司市值增长的重要途径。

① 资料来源：中财网，http：//www.cfi.net.cn/p20180719000492.html。

（2）内部人增持。

内部人增持指大股东或高管在二级市场上购入上市公司股票的行为。内部人增持是各国上市公司进行市值管理的重要手段。考虑到大股东及高管的信息优势及其对公司的重大影响力，在公司市值被低估，尤其是在外部突发事件对公司市值造成重大负面冲击时，大股东或高管增持通常被认为是增强投资者信心、平抑股价波动的重要方法。例如，2013 年上半年，在港股低迷及香港特区政府高压调控地产市场的环境下，李嘉诚及李兆基等分别增持各自旗下的长江实业及恒基地产等公司股份，向市场明确传递对于公司前景的乐观态度①。

由于内部人增持与股票回购都是对公司拥有信息优势的内部人执行的购入公司股票的行为，现有研究在对内部人增持进行讨论时，大多借鉴了文献中关于公司股票回购的理论，即认为增持是内部人向市场传递其乐观预期的重要方式。从实证结果来看，现有研究普遍认同内部人尤其是第一大股东增持对于公司市值的提升作用。李俊峰等（2011）采用事件研究法分析了第一大股东增持公告发布前后一个月的公司股价走势，结果发现，投资者若在公司发布大股东增持公告后买入公司股票，则可获得显著的超额收益，增持公告对于市值的提升效应主要集中在公告发布后较短的时间内，但这种效应却具有一定的持续性。唐松等（2014）以 2012 年的控股股东增持为样本，将分析窗口扩展到了增持公告前后一年时间，结果发现，在控股股东增持前一年，公司股票的累积异常收益率为负值，公司股价表现弱于大市，但在增持后一年，公司股票收益率得到显著提升，证明了控股股东增持作为市值管理行为的有效性。

（3）股权激励。

股权激励是一种将管理层利益与股东财富直接捆绑的制度安排，也是应用最为广泛的市值管理行为之一。股权激励提升公司市值的途径包括两个部分。首先，股权激励通过将高管个人利益与股票表现挂钩，增强了管理层关

① 资料来源：“李嘉诚等香港三富豪趁低增持自家股发积极信号”，新浪财经，http：//finance.sina.com.cn/stock/hkstock/ggscyd/20130411/031915108177.shtml。

注市值的动力；其次，基于信息优势，高管通常会选择在公司估值较低时参与股权激励，体现了高管对公司未来发展的乐观预期，属于广义上的内部人增持行为。股权激励的方式主要包括授予股票、股票期权、限制性股票、股票增值权、虚拟股票及业绩单元。其中，股票期权是应用最为广泛且与公司市值变化联系最紧密的一种。下面以时间为序剖析股权激励增强高管对市值关注度的机理。

股票期权生命周期包括三个关键事件（见图2-3）。期权授予明确了期权转换为股票时需要支付的行权价格，界定了锁定期日及期权的有效期。美国上市公司的期权行权价通常为授权日的收盘价，授予期权时公司股价越低，管理层获取公司股票的成本越低。这一机理甚至会诱使高管利用其信息优势择机在股价较低时发布股权激励计划，增持公司股份（Yermack，1997）。在期权授予后，管理层通常不能马上行使期权，授予期权与行使期权间的时间跨度通常为3~5年（Murphy，1999）。若股票价格在授予日后没有提高，管理层无法通过股票期权获利，股票期权便失去激励效果。即使在行使期权购入股票后，管理层也需要在股票锁定期之后才能出售股票，在这之前，管理层也将注重对股票市值的管理。管理层将选择适当的时机出售股票，出售时的股票价格与行权价之差乘以出售的股票数量，便是其通过股票期权计划真正锁定的收益。由此，股权激励增强了高管对市值管理的关注，并在一定程度反映管理层对公司未来市值增长的乐观预期。

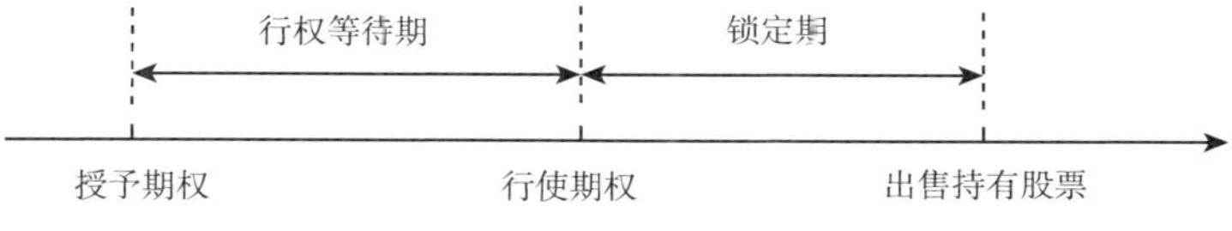

图2-3 股票期权生命周期

以上述机制为理论基础，现有研究对股权激励的财富效应进行了一定的探讨，这些文献主要采用短窗口的事件研究法，大多数的经验研究发现实施股权激励的市场反应显著为正，公司市值增长。早期的研究主要关注美国上市公司股权激励的财富效应。美国以外的公司发布股权激励计划时的市场反应也同样支持股权激励对公司市值的提升。例如，对于1997~2001年实施股权激励的日本公司，市场对公司发布股权激励计划给予了正面的评价（Kato et al.，2005）。总体而言，已有的经验研究支持了股权激励计划对股东财富的正面影响，体现了资本市场对股权激励的正面评价。

（4）投资者关系管理。

投资者关系管理（Investor relation management，IRM）起源于美国，是证券市场逐步走向成熟的产物。根据国际投资者关系协会（IIRF）的定义，投资者关系管理是指上市公司综合运用财务、传播及市场营销等手段，向既有投资者以及潜在投资者详尽展示公司经营状况和发展前景的战略管理过程（徐刚，2006）。投资者关系管理起源于20世纪50年代初的美国股市，美国经济当时正处于繁荣时期，社会投资热情高涨。出于吸引资本的考虑，上市公司开始考虑将投资者关系管理纳入日常工作日程，以满足广大投资者的需求。1969年，美国的全国投资者关系协会（NIRI）成立，这是全球最早成立的全国性的投资者关系组织。20世纪90年代，各发达国家纷纷成立全国性的投资者关系协会，全球投资者关系协会也于1990年成立。由此可见，随着资本市场国际化程度加深与信息传播效率的提高，投资者关系管理已日益成为各国上市公司的重要工作。

投资者关系管理具有非常广泛的内涵，根据已有文献的归纳，投资者关系管理的实践主要包括两种主要活动，分别是上市公司与投资者沟通关系的建立及上市公司向投资者披露的信息（肖斌卿等，2007）。在建立沟通关系的过程中，需要明确需要沟通的主体，并选择合适的沟通渠道。美国投资管理与研究协会曾经对上市公司与投资者进行沟通时采用的工具的使用情况进行了调查，表2－3列示了这些公司在与投资者沟通中沟通渠道的使用情况的部分数据。从表2－3中可见，电话会议被认为是最有价值的沟通方式。表2－3还显示，上市公司在进行投资者关系管理时的沟通对象，除了基金等投资者，还包括证券分析师等资本市场信息中介。信息披露是上市公司投资者关系管理中的另一项重要工作，披露内容包括公司财务报告、社会责任报告、组织结构图及投资者常见问题解答等信息（Geerings et al.，2003）。伴随着资本市场竞争的日益加剧及互联网技术的飞速发展，投资者关系管理逐渐从单向的信息传递转化为双向的信息沟通，在向外界传递公司信息的同时，还将其他市场主体的信息反馈给管理者（刘华，2012）。

表 2－3　　　　投资者关系管理中沟通渠道和技术工具的使用情况

沟通渠道	所有被访者	买方分析师	卖方分析师	基金经理	其他
电话会议					
得分	4.36	4.59	4.42	4.09	3.85
质量	4.17	4.21	4.42	4.14	3.98
及时性	4.43	4.42	4.55	4.42	4
准确性	3.76	3.83	3.92	3.82	3.41
互联网					
得分	3.57	3.59	3.67	3.76	3.3
质量	3.72	3.71	3.87	3.82	3.61
及时性	3.32	3.3	2.95	3.54	3.29
准确性	3.26	3.32	3.13	3.31	3.08
电子邮件					
得分	3.37	3.47	3.13	3.24	3.23

注：使用6分制评分，从1～6优异度依次递增。

资料来源：希金斯：《全球投资者关系最佳案例》，机械工业出版社2002年版。转引自肖斌卿和李心丹（2007）。

投资者关系管理实践活动的发展带动了相关研究的发展，现有的关于投资者关系管理的研究主要沿两条主线展开：首先是围绕投资者关系理论本身进行的研究，例如，上市公司进行投资者关系管理的理论依据；其次是投资者关系管理的评价研究，包括上市公司实施投资者关系管理活动后的效果评价（杨德明等，2007）。

已有研究认为，信息不对称是投资者关系管理工作的理论基础，投资者关系管理在降低信息不对称问题中的作用已经被越来越多的研究所支持（杨德明等，2007；刘华，2012）。首先，投资者现场参观及股东大会等方式可以增加投资者与公司之间的直接接触机会，帮助投资者形成对公司的正确认知，约束内部人的行为；其次，有效的投资者关系管理会促使公司对外提供更多信息，信息披露的提高可以帮助公司吸引更多信息中介的关注，例如分析师跟踪与媒体关注（Bushee and Miller，2012）；最后，积极的投资者关系管理工作还可以提高市场参与者对于公司信息的准确理解。例如，投资者关系管理评分较高的公司，分析师对其业绩进行预测的偏误较小（Farragher et al.，1993）。因此，上市公司通过有效的投资者关系管理，可以减少公司与投资者之间的信息不对称，改善股票流动性（Hong and Huang，2005），最终达到吸引更多的机构投资者持股并提升股票收益率的目的（Healy et al.，1999）。由此可见，已有文献中对投资者关系管理的讨论，体现了管理层在信息不对称的情况下，通过信息披露、加强与市场各方的沟通等方式降低公司市值被低估的概率，实现市值的增长。投资者关系管理是公司通过信息传递进行市值管理的重要途径。

2. 利用时机类市值管理

利用时机类市值管理以市场非有效与管理层理性为理论基础，主要包括再融资与并购。行为金融学指出，在市场并非完全有效的情况下，具有信息优势的理性管理层会在决策时充分利用公司估值优势，以最低的成本为公司争取发展资源，高估值为公司带来的融资便利将进一步影响其投资行为。

（1）企业融资。

融资是企业生存发展的重要条件，股权融资及债务融资是企业融资的两种主要方式。考虑到不同融资方式与市值之间的关系，此处主要介绍企业上市后进行的股权再融资（Seasoned equity offering，SEO）。股权再融资主要包括配股与增发两种形式。配股是针对原有股东进行的再融资，即上市公司向原有股东按照一定比例发行新股的行为。增发是面向所有潜在投资者的股权再融资行为，包括公开增发和定向增发：前者是指上市公司向包括原股东在内的社会公众发售股票，一般对原股东进行优先配售；后者是指上市公司向符合条件的少数投资者非公开发行股份。增发通常改变公司的股权结构，引进新的投资者。

在融资需求一定的情况下，公司市值越高，所需发行的股份数额越少，对股权结构的影响也越小。行为金融理论认为，在非有效且分割的资本市场中，公司股价是影响公司融资行为的重要因素，股市的景气度会影响公司的融资选择，股价较高时公司更倾向于进行权益融资。市场时机是公司发行证券时的重要影响因素，公司在股票市场收益率较高时更愿意选择发行股票

（Henderson et al.，2006）。在股份发行数量既定的情况下，公司股价表现越好，募集到的权益资金越多。总体而言，现有文献就良好的市场业绩对于权益融资的促进作用已有较为一致的看法，市值与融资之间的关系可能激励管理层更积极参与市值管理。

已有研究对再融资与公司市场业绩之间的关系进行了大量的探讨，主要的观点主要有两种：一些学者认为公司的股票收益率在再融资之后出现了显著的下滑；另一些学者却认为公司的市场业绩在再融资之后并没有出现显著的变化。部分研究认为，美国市场上的增发公告会让公司股价下跌（Masulis and Korwar，1986），另外一些研究却不认为再融资之后公司的市场业绩出现了明显的滑坡，例如，瑞士上市公司配股后并没有出现配股后长期回报率恶化的情况（Dubois and Jeanneret，2000）。针对研究中发现的再融资之后公司市场业绩下滑的现象，学者们也给出了一些解释，主要的观点包括机会之窗理论、自由现金流假说以及盈余管理理论。综上所述，再融资虽然能够增强管理层对于市值管理的关注，提升公司市值，但再融资的过程也有可能衍生一些机会主义行为，其与公司市值之间的关系可能是复杂的。

（2）企业并购。

并购是企业兼并（merger）与企业收购（acquisition）的统称。企业兼并与企业收购均是取得目标企业所有权的产权交易行为，但兼并活动后被兼并方失去法人资格，收购活动后被收购方依旧以独立法人身份存续。若根据并购的参与企业的产业关联度来进行分类，并购可分为横向并购、纵向并购及混合并购，并购双方的产业关联度依次递减。若根据并购的支付方式来进行分类，并购则可分为现金支付式并购、股份支付式并购及现金股份混合支付式并购。并购是企业实现扩张的重要途径，也是产业调整及优化资源配置的重要手段。以美国企业为例，自 20 世纪以来，美国已出现过五次并购浪潮，这些并购浪潮都发生在经济高速增长时期且与商业环境的发展阶段相吻合（魏星，2014）。

并购是企业重大的投资决策，具有交易金额大、频率低与事项繁杂等特点。因此，如何降低并购成本是管理层进行并购决策时的重要考虑因素。已有研究认为，公司市值波动会对并购成本造成显著影响。在市场非强式有效的情况下，股价通常会受到非理性因素的影响，这些非理性因素会导致企业的权益融资成本和权益融资方式发生变化，进而影响企业的投资行为（Keynes，1936）。在股票市场非完全理性的情况下，公司可以通过选择融资时机降低成本，获取更多的权益融资，从而影响投资行为。因此，上市公司市值可以通过影响融资成本来影响管理层进行并购的成本。在资本市场非强式有效及管理层理性的情况下，高市值的公司更容易成为并购方，且这种并购是以股份作为支付方式的，低市值公司则更容易成为被并购的对象（Shleifer and Vishny，2003）。后续的实证研究对上述理论提供了一定的支持。已有研究表明，较高的市场估值可以增强公司并购能力，提高并购市场的活跃度（Rhodes Kropf et al.，2005）。由此可见，在市场非强式有效的背景下，公司市值的增加可以提高其进行并购的能力，激励管理层更积极关注市值管理。

现有研究对并购是否为收购方公司的股东创造收益进行了大量的讨论，这些文献在探讨公司是否能够通过并购实现公司市值的成长时，大多采用事件研究法的研究设计。然而，学术界对于并购与公司市值的关系并没有形成较为一致的看法。例如，1974～1998 年的 44 项并购事件中，收购公司的短期超额收益为负值的有 13 项，股东财富不变的有 14 项，股东财富增长的有 17 项，三种样本的数量基本相同（Bruner，2002）。以我国上市公司并购事件为样本的研究同样表明，并购方市值增长与下跌的比例大致相当（刘志强，2007）。

造成上述差异的原因，除了研究方法及样本选取等方面的差异之外，并购动机的复杂性可能也是一个重要原因。部分研究认为，并购能够帮助公司创造协同效应，改善公司基本面。协同效应是指，并购后公司的整体绩效优于主并公司与标的公司原有绩效的总和，产生“1 + 1 > 2”的价值（张秋生等，2003）。协同效应的最主要表现形式包括经营协同与财务协同。经营协同主要来自横向并购产生的单位产品固定成本的降低、纵向并购产生的沟通与谈判等交易成本的下降、混合并购产生的生产范围扩大与资源共享（何任，2014）。财务协同效应理论指出，当并购双方的资本成本或者现金流特征存在差异时，并购可以通过债务共同担保以及现金流转效应，降低融资成本，提高资金的使用效率（Weston et al.，2001）。因此，并购可以提高投资者对公司投资价值的评估，提升公司市值。然而，管理层的自利动机也可能引发并购。当公司拥有较多的自由现金流时，管理层应把现金通过股利形式返还给股东。但由于管理层薪酬及在职消费等个人私利通常随公司规模的扩大而增长，他们有动机将公司的自由现金流进行过度投资，并购就是这些过度投资行为中受到广泛关注的一种（Jensen，1986）。由此可见，并购既能够激励管理层更积极地通过市值管理为股东创造财富，也有可能成为管理者谋取私利的方式，对其经济后果的分析无法一概而论。

第四节　本章小结

本章首先介绍市值管理的一般性理论基础——信息不对称理论及市场有效性理论；其次结合我国股市的新兴市场特征与上市公司的委托代理问题，进一步剖析了市值管理在我国资本市场上被明确提出的理论基础。在系统剖析了市值管理的理论基础后，本章结合价值管理理论归纳了对于市值管理定义的理解。围绕市值管理的理论基础，本章将市值管理行为按照功能分为两类，分别是传递信息的市值管理与利用时机的市值管理，并对市值管理行为进行了文献回顾。在进行文献述评时，本章着重介绍这些行为的定义、对公司市值的影响及理论解释，并简要回顾了这些行为可能带来的一些问题。由此，我们可以看到，在发达资本市场上，股权激励等机制赋予了高管密切关注公司市值的动力，促使他们通过回购或投资者关系管理等途径向市场传递信息，实现公司市值的持续增长。

本章的文献述评表明，学术界就公司市值波动的重要影响及内部人为提高公司市值所做的努力进行了大量的讨论（Baker et al.，2002；Shleifer and Vishny，2003；Ikenberry et al.，1995），但尚未有研究从公司市值与内在价值之间的偏离度为切入点对上述文献进行系统的整合。本章系统梳理了上述文献的理论基础，并将各类市值管理行为围绕信息不对称理论、市场有效性理论及委托代理理论进行了分类，拓展了上述理论的应用，深化了已有研究对于市值管理的探讨。

上述讨论大多是以国外资本市场为背景展开的，股权分置改革为各方积极关注市值管理扫清了制度障碍。那么，市值管理在我国资本市场上的发展情况如何？监管部门是否通过各类政策鼓励上市公司进行积极的市值管理？如果答案是肯定的，这些鼓励政策又是否得到了上市公司的响应？下一章拟对上述问题进行解答。

第三章
市值管理在我国资本市场中的应用

第二章归纳了市值管理的定义及文献中对市值管理的分析，但理论分析并未就各类市值管理行为在我国资本市场的发展情况进行总结。本章意在为读者全面展示市值管理在我国资本市场的发展情况，为后文以我国上市公司为背景进行理论分析与实证检验提供现实基础。第一节将结合市值管理行为的相关法律法规的发展，通过数据分析展示各类市值管理行为的开展情况。此外，本节介绍了 2015 年股市大幅波动背景下上市公司的市值管理典型案例。第二节介绍了市值管理的典型案例与可能引发的问题。本章认为，市值管理在我国资本市场中的应用已经具备了一定的规模。因此，探讨市值管理的治理效应，能够为资本市场上围绕市值管理开展的各类讨论提供参考，具备一定的现实意义。

第一节　市值管理制度与行为在我国资本市场的发展

股权分置改革为我国上市公司进行市值管理扫清了最大的制度障碍，相关法律法规的出台则为市值管理在我国的发展提供了更肥沃的现实土壤。为此，本节将结合我国的制度背景，介绍市值管理在我国资本市场的发展情况。在回顾各类市值管理行为在我国资本市场的发展情况的基础上，本节还集中整理了股权分置改革后监管层出台的促进市值管理实践发展的一些主要法律法规。

可以预见的是，随着社会经济的不断发展及制度的不断完善，我国资本市场上的市值管理实践必将更加多元化，并推动我国资本市场不断发展壮大。

一、传递信息类市值管理

1. 股票回购

股票回购在我国资本市场上属于新生事物。股权分置改革之前，我国资本市场上的股票回购多为国有股定向回购（韩永斌，2005），带有强烈的政府政策色彩（唐松等，2014）。2005 年，在股权分置改革的大背景下，《公司法》《上市公司章程指引》中加入了有关股份回购的规定。同年，证监会发布并实施《上市公司回购社会公众股份管理办法（试行）》，标志着上市公司股票回购机制的逐步建立。2008 年 10 月，证监会发布并实施《关于上市公司以集中竞价交易方式回购股份的补充规定》，进一步完善了股份回购的相关实施细节。2013 年，国务院办公厅发布了《关于进一步加强资本市场中小投资者合法权益保护工作的意见》（以下简称“《意见》”），《意见》明确规定，“建立多元化投资回报体系，完善股份回购制度，引导上市公司承诺在出现股价低于每股净资产等情形时回购股份”。2013 年，证监会发布的《优先股试点管理办法》明确规定，“上市公司可以非公开发行优先股作为支付手段，向公司特定股东回购普通股。”2015 年 8 月 31 日证监会等四部门联合发布《关于鼓励上市公司兼并重组、现金分红及回购股份的通知》，其中明确指出回购也是回报投资者的重要方式，规定当股票价格低于每股净资产，或者市盈率、市净率任一指标低于同行业上市公司平均水平达到预设幅度时，鼓励上市公司主动回购股份；支持上市公司通过发行优先股、债券等多种方式，为回购本公司股份筹集资金。

政策的逐步完善以及市值管理理念的普及促使上市公司股票回购增多，根据 Wind 的统计数据，2005 年 1 月 1 日 ~2017 年 12 月 31 日，有 578 家上市公司进行了股票回购，每次回购金额均值超过 7500 万元，其中，有 354 家公司进行了两次或以上的回购。此外，在进行回购了股票回购的公司中，有 407 家为中小板或创业板公司，充分反映了中小创公司在市值管理方面的活跃度。

2. 内部人增持

我国上市公司大股东增持在股权分置改革的完成与历次市场波动的大背景下逐渐得到普及。股权分置改革之前，非流通股股东不能在二级市场上交易公司股票，只能通过协议转让方式参与交易，交易成本较高。因此，大股东增持极为罕见。2006 年 5 月，中国证监会发布《上市公司收购管理办法》（以下简称“《办法》”），《办法》第六十三条针对大股东增持所需要履行的手续做出了修改，即上市公司持股达到或者超过该公司已发行股份的 30% 的股东在 12 个月内增持股份不超过公司已发行股份的 2% 或在公司中已持有超过 50% 股份，且其增持行为不影响公司上市地位的，可以向证监会申请通过简易程序免除发出要约。这一规定的出台明确了大股东增持行为的程序要求，为大股东增持提供了明晰的指引。大股东增持在我国资本市场上的进一步普及，则是以金融危机及 A 股市场的暴跌为背景的。2008 年，全球金融危机爆发，中国股市随之暴跌。截至 2008 年第三季度，沪市两市综合指数与 2007 年同期相比，下跌超过 60%。为应对股市的急速下跌，证监会、国资委及交易所等陆续出台了一系列政策，鼓励大股东增持上市公司股票，以增加上市公司股票需求、重振投资者信心。进一步地，证监会于 2012 年 2 月正式下发《关于修改〈上市公司收购管理办法〉第六十二条及第六十三条的决定》，将大股东增持股份的锁定期由 12 个月调整为 6 个月，以鼓励大股东积极通过增持提振公司市值。

随着大股东增持的日益增多，监管层对其市值管理效果的认可度也在逐渐提高。2015 年 6 月以来，A 股市场出现大幅度波动。2015 年 7 月，证监会发文明确规定，近期股价出现大幅下跌的（连续 10 个交易日内累计跌幅超过 30% 的），董监高增持本公司股票可以不受窗口期限制；上市公司大股东持股达到或超过 30% 的，可以不等待 12 个月立即增持 2% 股份。如图 3－1 所示，2015 年，大股东增持出现小高峰，有超过 1/3 的上市公司重要股东对公司股份进行了增持。

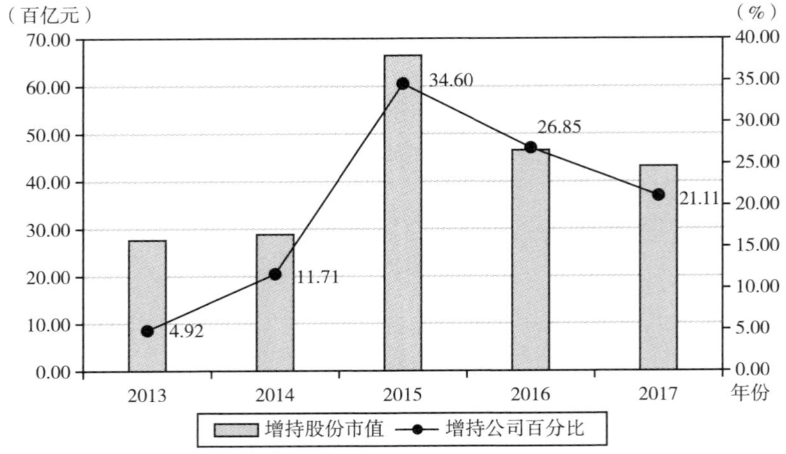

图3-1　2013~2017年重要股东增持统计

3. 股权激励

虽然股权激励制度在国外资本市场比较普遍，我国上市公司（尤其是国有企业）高管的持股比例仍然较低，且直到股改后权益薪酬才逐渐受到关注。早在20世纪90年代末，武汉、上海及北京等地的上市公司及有关政府部门便开始了对股权激励制度的探索。但我国上市公司高管若要持有公司股份，需要首先由公司提出申请，再经过证券监管机构及地方政府的联合审批，实施成本较高。此外，当时的《公司法》禁止高管转让公司股份并禁止公司对本公司股票进行回购，这些规定极大地制约了股权激励在我国上市公司的实施。

2006年1月，《上市公司股权激励管理办法（试行）》开始实施，标志着股权激励制度在我国的正式确立。在随后的几年时间内，多部门陆续出台多项关于股权激励的指引及政策法规，从税收、授予价格、行权条件、行权资金及会计处理等各个方面对股权激励在我国上市公司中的实施进行了全方位规范。2008年9月16日，国务院国资委颁布《关于规范国有企业职工持股、投资的意见》，对国有企业员工持股做出初步规范。2013年党的十八届三中全会通过的《中共中央关于全面深化改革若干重大问题的决定》中明确提出"允许混合所有制经济施行企业员工持股"。2015年9月，党中央、国务院发布《中共中央国务院关于深化国有企业改革的指导意见》，对混合所有制企业员工持股提出了试点先行、稳妥有序推进等要求。2016年8月，《上市公司股权激励管理办法》正式出台，新管理办法取消了证监会备案与重大事项并行等方面的限制，赋予了上市公司更大的自主权。与此同时，员工持股计划逐渐提上日程且受到监管层的重视。

随着近年来相关政策的出台和完善，上市公司通过发布员工持股计划与高管股权激励方案进行市值管理的情况逐渐普遍。根据 Wind 提供的数据，2013～2017 年，我国共有 1341 家上市公司发布股权激励预案，且发布预案公司数逐年递增，2017 年有 447 家公司发布股权激励预案，相对于 2016 年的 272 家公司数同比增长 64.34%；自 2013 年十八届三中全会明确鼓励员工持股以来，上市公司发布员工持股计划的家数也逐渐增加，2014～2017 年共 818 家公司发布员工持股计划，2015 年是员工持股计划发布次数最多的一年，高达 367 家公司发布了员工持股计划，如图 3－2 所示。

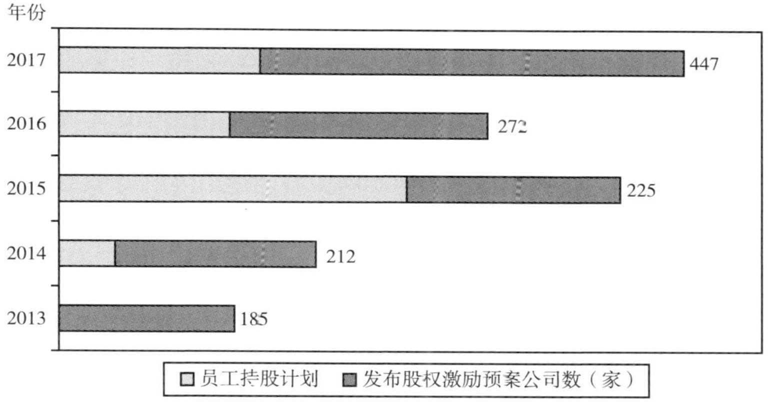

图 3－2　2014～2017 年发布员工持股计划与股权激励方案的公司数

4. 投资者关系管理

投资者关系管理在我国的发展历程较短。2002 年中国证监会采取推进上市公司治理改革七大措施，继续推动上市公司治理改革，其中之一就是“推动投资者关系管理，把投资者关系管理作为公司治理的一项重要制度，在上市公司中加以全面推进和建立”。2005 年 7 月，中国证监会发布了《上市公司与投资者关系工作指引》，提供了关于投资者关系管理的内容、方式及实施的指引。在监管部门的大力推动下，许多上市公司纷纷制定并披露了投资者关系相关制度规范，搭建公司网络信息平台，开展投资者关系管理的工作，例如在报刊和网站上公布年报、中报、组织新闻发布会、进行路演及接待分析师或基金的调研等。2007 年 3 月，证监会下发《关于开展加强上市公司治理专项活动有关问题的通知》，在上市公司专项治理活动调查中，投资者关系管理是公司治理创新的主要内容，说明投资者关系管理在我国上市公司治理制度创新中的重要地位。

由于投资者关系管理在我国起步较晚，以我国上市公司投资者关系管理工作为主体的数据统计与理论研究也较少，但现有研究均为投资者关系管理提升我国上市公司市值及降低崩盘风险提供了支持（李心丹等，2007；权小锋等，2016）。根据润言投资咨询有限公司对 600 家 A 股上市公司的问卷调查，2013 年，44% 的受访公司表示他们的投资者关系工作主要着眼于公司市值管理等战略性目标，39% 的受访公司已经制订了长期导向的投资者关系工作计划。图 3 – 3 列示了目前 A 股上市公司认为最重要的三项投资者关系工作分别为信息披露、机构投资者沟通以及监管层沟通。94% 的受访公司最高层会参与投资者关系工作，17% 的受访公司最高层每年与投资者直接沟通的次数超过五次，57% 的受访公司通过相关网络平台与投资者进行沟通，网络平台成为继电话及邮件之后又一重要的沟通方式。但总体而言，目前 A 股上市

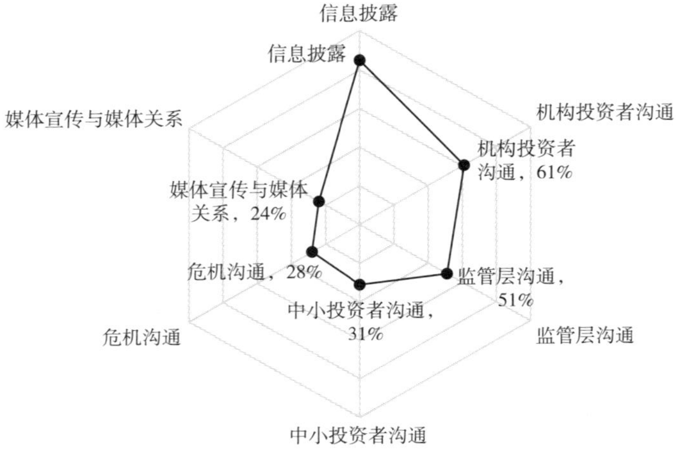

图 3 – 3　上市公司最重要的投资者关系工作

资料来源：润言投资咨询有限公司发布的 2013 年中国 A 股上市公司投资者关系调查报告。

公司的投资者关系工作的精细化水平仍较低。以投资者调研为例，根据Wind提供的数据，2013～2017年，发布投资者调研信息的上市公司逐年增加，但2017年仍然仅有1519家上市公司发布投资者调研信息，占比仅为43.8%。

二、利用时机类市值管理

1. 企业融资

我国上市公司进行再融资的主要方式为配股和增发。与美国类似，我国上市公司再融资方式逐渐由配股转为增发。在股权分置改革开始之前，配股是上市公司进行股权融资的最重要方式。在股权分置情况下，由于非流通股股东持股成本通常远低于配股价，参与配股反而提高其持股成本，持有非流通股的大股东往往放弃配股。在我国上市公司股权集中度高，投资者保护较薄弱的背景下，股权分置时期下的再融资甚至可能成为大股东"圈钱"的手段，危害中小股东利益（李志文等，2003）。股权分置改革之后，监管层鼓励上市公司通过资产重组解决同业竞争及关联交易等历史遗留问题，再加上财务业绩要求上的灵活性，定向增发逐渐成为中国资本市场上最主流的股权融资方式。定向增发有两个主要特点：第一，增发对象为公司主要股东或机构投资者；第二，定向增发股票有一定的锁定期。股东认购的股份，12个月内不得转让；控股股东、实际控制人及其控制的企业认购的股份，36个月内不得转让。根据证监会提供的统计数据①，笔者总结了2012～2016年上市公司各类股权再融资方式的融资金额。如表3－1所示，定增是上市公司最主流的股权再融资方式，融资金额占比超过八成以上。2017年2月，证监会修订《上市公司非公开发行股票实施细则》，对上市公司定向增发的周期、规模、定价与募资用途等进行更为严格的限制，以遏制定增市场存在的过度融资等乱象。2017年1～9月，上市公司定向增发募资金额为9382.66亿元，比2016年同期略有下降，但仍为股权再融资的最主流方式。

① 资料来源：证监会网站，http://www.csrc.gov.cn/pub/newsite/sjtj/qhscyb。

表 3－1　　2012～2016 年上市公司股权再融资方式融资金额统计

单位：亿元

年份	配股	公开增发	定向增发	定增筹资比例
2012	13.36	0.00	258.68	0.95
2013	475.75	80.42	2246.59	0.80
2014	137.98	18.26	4031.30	0.96
2015	42.33	0.00	6709.48	0.99
2016	298.51	0.00	16978.28	0.98

2. 企业并购

并购是促进企业成长发展的重要方法，我国的制度环境与西方国家差异较大，企业并购重组呈现不同于西方企业的特点，例如，法律法规中关于上市及再融资资格的一系列规定是引导上市公司并购及资产重组行为的重要动机。在我国资本市场成立之初，上市公司并购重组频率极低。1994 年的“恒通棱光”事件，首次通过协议转让实现了国有股的控制权转移。同年，证监会规定，上市公司连续两年亏损将被特别处理，连续 3 年亏损将被处以暂停上市，并规定上市公司只有在连续 3 年净资产收益率达到 10% 的情况下才能获得配股再融资的资格。由此，一大批因受政策限制而被排除在上市资格之外的民营企业纷纷通过买“壳”间接得以上市，获得上市地位是这个阶段的并购重组的主要目的（朱宝宪等，2002）。2002～2005 年，证监会陆续发布了一系列监管文件，确立了上市公司并购重组的基本法律体系。但由于股权分置的制度障碍及法规的不完善，并购作为资源配置的重要方式以及公司成长的重要途径的作用并没有得到充分的发挥。

2006 年，中国证监会颁布实施《上市公司收购管理办法》，为上市公司的并购重组提供了基础性的政策指引。此外，同样于 2006 年发布并实施的《上市公司证券发行管理办法》，明确提出了“非公开发行股票”的再融资方式。其中，向特定对象发行股份购买资产，是上市公司并购重组的新手段。股改后，监管部门大力推进上市公司通过向大股东购买资产达到降低同业竞争和关联交易。因此，通过股份支付进行的并购重组逐渐增多。并购同时也是上市公司做大股本提升市值的重要途径。Wind 资讯统计显示，2014 年上半年上市公司发生并购案例 2007 起，涉及交易金额 1.27 万亿元，相当于 2013 年全年并购重组交易涉及金额的总额。[①] 2014 年 11 月，《上市公司重大资产重组管理办法》《关于修改〈上市公司收购管理办法〉的决定》正式实施，新的监管政策旨在赋予企业更大的自主选择权，鼓励企业通过并购重组实现资源的优化配置。随着监管层对上市公司并购重组审核政策的逐步放宽，我国资本市场上的并购重组呈现快速增长。2016 年 9 月修订的《上市公司重大资产重组管理办法》加大了并购重组的审核力度，审核节奏有所放缓，自 2017 年 6 月起，由于监管层鼓励产业整合类并购重组，上市公司并购重组市场逐渐回暖[②]。Wind 数据显示，近年来，我国企业境内并购的数量和金额都在持续增长（见图 3－4），反映出我国上市公司越发重视通过并购助力市值增长[③]。

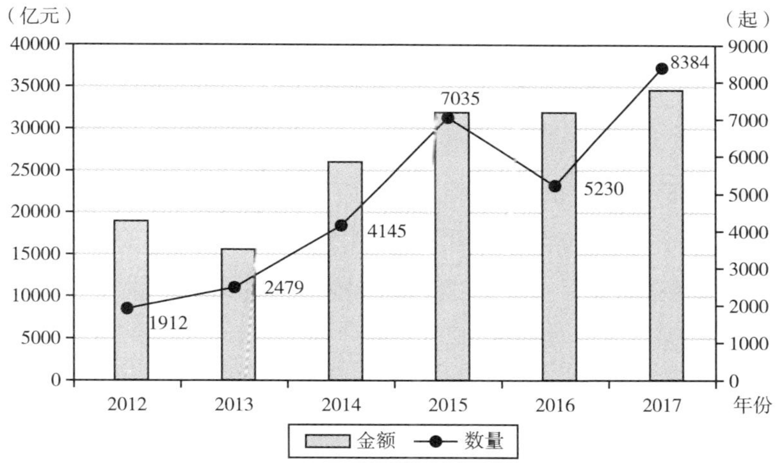

图 3－4　2012～2017 年我国境内并购的数量及其金额情况

① 资料来源：转引自网易财经，http：//money.163.com/14/0710/01/A0OLQ7VC00253B0H.html。

② 资料来源："并购重组市场回归理性"，新浪财经，http：//finance.sina.com.cn/roll/2017－08－15/doe-ifyixipt1927458.shtml。

③ 2014 年 11 月，科力远与正海磁材分别发布公告，分别与中信并购基金与中信证券签订市值管理综合协议，协议中均提到通过并购活动助力公司市值增长。

三、市值管理的典型案例：股票市场剧烈下跌环境下的市值管理

上市公司的市值表现，除了受到自身因素的影响，还会受到宏观环境的影响。例如，市场行情的变化可能显著影响股票回报率（King，1966）。股市的波动可能导致投资者情绪趋于悲观，促使资金从股市流出，拉低公司的市场业绩。市值的持续下跌会对公司或利益相关者的利益造成负面影响，以股权质押为例，股价的暴跌会让股东面临追加保证金或质押股票数量，甚至质押股票被强制平仓的风险。但公司或股东可以通过积极开展市值管理，引导投资者发现公司发展的潜力，降低不利条件对公司市值的影响。2015 年，我国 A 股市场出现大幅波动，为我们观察上市公司与大股东的市值管理行为提供了良好的契机。因此，后文以 2015 年的 A 股为背景，简要介绍股权质押情境下的上市公司市值管理措施。

2014 年 7 月 ~2015 年 8 月，我国 A 股市场经历了快速上涨之后又急速暴跌的大幅波动。2014 年 7 月，A 股在金融股拉动下开始出现明显上涨。这一波的上涨以主板的市值增幅最为明显，截至 2014 年末，中国资本市场 2592 家上市公司 A 股市值总规模达到 37.11 万亿元，其中，主板市值合计增长 11.26 万亿元，占 A 股市值增量总额的 84.52%①。2015 年前 5 个月，A 股市场延续了上涨行情，上证指数涨幅超过 40%，创业板的涨幅尤为惊人：5 月中下旬，创业板平均市盈率超过 120 倍②。

股市的持续上涨带动了一些资本运作的快速增多，其中就包括股权质押。股权质押能够帮助股东缓解融资约束，且不会受到监管层对于减持股票的各类规定限制。在折价率不变的情况下，股价的上升使股东可以获得更多资金，激发了股东进行股权质押的积极性。根据安信证券的统计，2015 年 1 月至 7 月期间，973 家上市公司总计完成 2974 次股权质押，质押股本 842 亿股，参考市值约 15476 亿元③。快速增长的股权质押在缓解了股东融资约束的同时，

① 资料来源：中证网，转载自环球网，http：//finance. huanqiu. com/roll/2015 -01/5497059. html。

② 资料来源：财新网，http：//datanews. caixin. com/2015 -07 -08/100826978. html。

③ 资料来源：腾讯网，http：//stock. qq. com/original/zqyjy/s347. html。

也带来了新的问题。例如，债权人通常会与股东约定平仓线，当股价低于平仓线时，股东需要追加保证金。若无法追缴保证金，上市公司股东将会被强制平仓，即银行将质押的股份以大宗交易、二级市场直接抛售等方式变现。

2015 年 6 月中下旬开始，A 股市场出现暴跌。以 6 月 26 日为例，当日沪指跌幅超过 7%，两市超过两千个股跌停。随后，政府陆续启动一系列救市措施，但并未能迅速稳住投资者情绪。8 月底，两市再现大面积暴跌，完全回吐 2015 年以来的涨幅。股市的急速下跌为高位质押股权的股东带来了巨大的压力，上市公司与股东也积极通过市值管理行为应对此类风险。其中，这类公司最经常采用的便是传递信息的市值管理行为。

以华仁药业（300110）为例，公司积极对控股股东股权质押情况与相应的应对措施进行披露，缓解了市场对其控制权可能发生转移的担忧。根据公司的公告，截至 2015 年 8 月，控股股东华仁世纪集团所持 2. 8 亿股股份中已有 2. 59 亿股处于质押状态，其中质押给齐鲁证券的 7240 万股股份已触及融资警戒线。在 6 月初披露并购红塔创新的重组方案后，公司股价连续出现涨停，最高时股价升至每股 26. 61 元。此后随着大盘连番下挫，8 月公司股价已回落至每股 10. 67 元，跌幅接近六成。鉴于目前华仁世纪集团持股中的 92. 57% 已质押，控股股东追加担保物的可能性已不大。考虑到市场对其控制权安全的担忧，华仁药业于 8 月 27 日发布公告称，控股股东已根据质押情况采取补充质押的方式，确保股权稳定，公司也将督促控股股东降低融资风险。

除了上述的投资者关系管理之外，大股东也可能通过主动采取增持行为来稳定股价。2015 年 1 月，金贵银业（002716）发布公告称，控股股东曹永贵已将所持 6890 万股股权（占上市公司总股本的 30. 12%）质押给招商证券办理融资业务。公司于 2015 年 4 月停牌筹划收购事项，但公司股票于 2015 年 8 月复牌后出现股价连续跌停的情况。因此，投资者开始担忧，股价的连续下跌是否会对控股股东的控制权安全造成威胁。对此，金贵银业在 2015 年 8 月 26 日回应称，倘若股票出现连续跌停的情况，大股东将择机实施增持，以维护股价稳定①。8 月 31 日，金贵银业发布公告称，收到控股股东曹永贵提交的《向内部全体员工发出增持公司股票的倡议书》，曹永贵承诺凡 8 月 31 日至 9 月 8 日净买入的金贵银业股票，且连续持有 12 个月以上并在职的公司及全资子公司员工，若因增持金贵银业股票产生的亏损，由个人予以全额补偿；收益则归员工个人所有。9 月 10 日，公司发布公告称，全体董事、监事、高管于 9 月 1~9 日增持了公司股份，且不排除未来继续增持公司股份的可能性。上述公告的披露迅速向市场传递了大股东对于公司发展的乐观态度：9 月 10 日早盘，金贵银业股价跌幅一度接近 5%。但是在下午开盘后，股价便在增持消息的影响下瞬间拉升，体现了出市场对大股东与高管积极增持的态度②。

综上可知，虽然上市公司可能需要面对各类客观环境恶化的挑战，但控股股东及管理层可以通过综合运用投资者关系管理与大股东增持等各类行为，积极进行市值管理，及时有效地缓解外部环境对公司市值造成的冲击，而非只是消极等待外部环境好转。

第二节　我国上市公司市值管理实践中可能存在的问题

股权分置改革之后，市值管理在我国资本市场的关注度日益升温。但资本市场上就上市公司开展市值管理进行指导的规章制度屈指可数，仅有“新国九条”明确指出“鼓励上市公司建立市值管理制度”。由于相关规章制度的不完善，上市公司在开展各类市值管理时可能存在一些“灰色行为”，市值管理可能异化成内部人获取灰色收益的途径。例如，信息披露是投资者关系管理的重要环节。但在企业进行信息披露的过程中，内部人可能利用自身的信息优势，通过内幕交易牟利（蔡宁，2012）。相关现象已经引起监管部门的重

① 资料来源：中国证券网，转引自人民网，http://finance.people.com.cn/stock/n/2015/0828/c67815-27526608.html。

② 资料来源：每日经济新闻，转引自凤凰财经，http://finance.ifeng.com/a/20150911/13967184_0.shtml。

视，证监会指出，市值管理的前提是合法合规，不能采取违规行为，损害其他投资者的利益。但市值管理可能被部分市场参与者异化为市场操纵或内幕交易等违法行为①。股权分置改革之前，我国资本市场上就已经存在上述问题。股权分置改革的完成提升了各类市场主体，尤其是大股东对于上市公司市值的关注，可能促使他们在市值管理的名义下通过各类“灰色行为”获利，提高上述“灰色行为”出现的频率。考虑到资本市场参与主体的日趋多元化、金融工具的迅速发展及科技手段的日新月异，全流通时代下的市场操纵及内幕交易等“灰色行为”可能更隐蔽、更频繁，对资本市场的健康发展及投资者的利益造成严重损害。

一、市场操纵

市场操纵行为是各国资本市场上普遍存在的现象，我国资本市场也不例外。由于我国资本市场新兴加转轨的制度特征，A 股市场上的市场操纵行为也伴随着相关制度背景的不断变化而呈现出不同的特点。

在我国股票市场发展的最初几年里（1991 ~ 1995 年），由于上市公司数量少、股票发行规模小，股票供给显著小于需求，再加上市场监管的极度不完善，上市公司股票价格波动大，体现了极强的投机性。股票价格的剧烈波动以及投资者的高度非理性行为，操纵者甚至无须具备一定的资金及信息优势，仅需利用简单的信息操纵或者交易操纵便可以获取巨额收益，市场操纵行为所造成的股价波动极为明显。之后，国家开始尝试对股市进行调控，并加强了对操纵行为的监管。市场操纵行为开始逐渐呈现出操纵方式多样化、参与主体多元化等特点，并伴随着连续买卖及多个账户合谋对敲等行为特征。根据尹筑嘉（2007）的统计，1996 年至 2006 年 8 月，因股价操纵而承担行政责任或刑事责任的案件共计 37 起。

随着我国资本市场的不断发展，市场操纵行为呈现出新特点。2014 年 8 月，证监会通报了针对市场操纵行为的执法工作情况。根据证监会的通报信

① 资料来源：上海证券报，转引自华尔街见闻，http://wallstreetcn.com/node/221970。

息，A 股市场上的操纵行为出现了一些新的变化，其中包括以所谓“市值管理”方式进行信息操纵，具体包括编造或散布虚假信息以配合内部人减持等需要。2014 年 12 月，证监会通报了 18 只个股涉嫌市场操纵违规行为的查处情况。这些公司有不少表现出“庄股”特性：上市公司发布利好消息，股价迅速被炒高。以中科云网（002306）为例，自 2013 年 7 月以来，前身是中国餐饮第一股湘鄂情的中科云网频繁向环保、传媒影视、大数据等市场热点题材转型，其间股价如过山车一般，多家知名投资机构参与。中科云网 2013 年三季报显示，著名私募泽熙旗下福麟 4 号信托计划和泽熙 4 期信托计划分别建仓 938.92 万股和 930.76 万股。而该公司 2013 年年报则显示，三季度介入的 2 只泽熙旗下产品已经退出前十大流通股东之列，取而代之的是龙信基金通 1 号集合资金信托，又被称为泽熙二期，持股 1164.46 万股。泽熙投资擅长短线搏击，格外偏爱重组类股票[①]。2017 年 1 月，泽熙管理者徐翔由于利用信息优势连续进行二级市场证券买卖来操纵证券交易价格以及交易量，构成操纵证券市场罪而受到法律处罚。根据证监会 2018 年 7 月进行的通报，上述以市值管理名义操纵市场的违法行为近年来更是出现了利用互联互通机制跨境、利用微信群点对点荐股与利用杠杆等新态势[②]。因此，这一类行为也将是监管层持续重点关注的对象。

市场操纵同样是学术界密切关注的重要话题。总体而言，关于市场操纵的研究在融合了行为金融学理论的基础上取得了长足的进步。已有研究普遍认为，操纵者通常会综合运用多种方式进行操纵，且能够通过操纵行为获取超额收益。

相关研究首要关注的是市场操纵的方法及相应的类型。在 1934 年颁布的美国《证券交易法》中，已有文献对于市场操纵行为可以分为三种类型：信息操纵、行为操纵与交易操纵（Allen and Gale，1992）。在实际的操纵行为中，这三种不同的操纵方法之间在大多数情况下并非泾渭分明。由于监管效

① 资料来源：羊城晚报，转载自新浪财经，http：//finance. sina. com. cn/stock/y/20141221/080321127136. shtml。

② 资料来源：证监会网站，http：//www. csrc. gov. cn/pub/newsite/zjhxwfb/xwdd/201807/t20180706_340818. html。

率的提高，操纵者经常综合运用多种方式，以降低法律风险。

信息操纵行为是指市场操纵者通过编造或传播错误或虚假信息来误导投资者来操纵股价并牟利。信息操纵一般包括编造虚假错误信息，以及利用未公开的内幕信息对市场进行操纵。内幕信息是指对上市公司股票价格具有重大影响且未被公开披露的信息。操纵者通常会选择与内部人进行合谋，控制内幕消息的发布时间，配合二级市场上的股票交易，从中获取利润。

行为操纵是指操纵者通过改变公司基本面来改变公司股价，并从中获利的操纵手法。行为操纵的典型做法是操纵者在上市公司的并购过程中利用各类市场参与者之间的信息不对称来影响股价。围绕行为操纵进行研究的文献相对较少。交易操纵是指操纵者只是利用股票市场上的交易行为来诱使投资者进行跟风交易，从而影响股票价格。交易操纵者并不影响公司的实际经营与信息披露，他们仅仅是利用投资者的信息劣势，诱使他们对操纵者的买入行为进行跟风，从而获取利润。考虑到持股比例及资金实力，机构投资者及持股数量较大的个人投资者均可能拥有不为市场所知晓的信息。实证研究支持了上述观点，证明了机构投资者会通过多账户交易的方法来拉升股价并从中获利（徐龙炳，2005）。由此可见，交易操纵是我国资本市场上切实存在的一种操纵市场的方式。

除了对市场操纵行为的策略进行探讨之外，现有研究还讨论了各类操纵行为是否能够帮助操纵者获取超额收益，以我国资本市场为背景的研究证明了市场操纵行为的可获利性。在缺乏卖空机制的背景下，操纵者仍然可以通过交易操纵的方法获取收益（周春生等，2005）。向中兴（2006）分析了我国的股价操纵事件，发现操纵者可以利用投资者的行为偏差获取利润并转嫁部分操纵成本。

总体而言，学术界及监管层均认为，市场操纵行为损害了投资者的合法权益，阻碍了自由市场机能和有效价格机制，抑制了资本市场资源配置功能的正常发挥，是资本市场中的严重违法犯罪行为，应当予以持续的关注及监管。

二、内幕交易

内幕交易是指在掌握“具有重要影响的未公开信息”的情况下进行证券交易的行为（Bainbridge，2000），此类具有重要影响的未公开信息也可以被称为内幕信息。如果一个理性的投资者认为某个信息的披露会对其投资的证券价格产生影响时，该信息就可以被认定为是“具有重要影响的”。内幕交易的实施，是以所有权与经营权分离下的信息不对称为基础的，信息优势使得知情人可以凭借信息优势进行交易，甚至根据交易安排影响公司信息披露。此外，内幕交易通常伴随着交易量的显著增加（Meulbroek，1992）。因此，内幕交易通常与市场操纵中的信息操纵或者交易操纵具有密不可分的联系。

内幕交易作为危害资本市场秩序的传统违法行为，一直以来都是监管部门重点监控行为。随着监管部门执法力度的不断加强，内幕交易立案数量呈现逐年攀升态势。2012 年、2013 年内幕交易立案案件分别为 70 件和 86 件，相比 2011 年增幅分别达到 46% 和 79%。利用未公开信息交易股票案件涉及的机构由基金公司扩展至保险资产管理机构，涉案人员呈现链条化、扩散化等特点[①]。随着移动网络与社交媒体技术的不断发展成熟，内幕信息的传递呈现多级多层多向传递的特点，促使内幕交易呈现信息泄露范围扩大、涉案主体增加、交易金额上升等特点。2017 年内幕交易平均案值超过 3000 万元，7% 的案件涉案金额突破亿元，超过 70% 的内幕交易获利，最高收益 4000 余万元。从内幕信息来看，并购重组仍是内幕交易重灾区，利用高送转、重大亏损等业绩类信息从事非法交易案件多发。内幕信息泄露范围进一步扩大，形成一批窝案串案。统计显示，超过 25% 的案件涉案主体在 3 人以上，最多 7 人同时被查[②]。

我国内幕交易的立法及监管是伴随着资本市场的成长而逐渐发展起来的。

---

① 资料来源：中国经济网，转引自中国日报网，http：//www. chinadaily. com. cn/hqcj/zgjj/2014 - 06 - 27/content_11910867. html。

② 资料来源：证监会网站，http：//www. csrc. gov. cn/shanxi/xxfw/sxgzjx/201801/t20180123_333043. htm。

1993 年 4 月，国务院发布《股票发行与交易管理暂行条例》，我国对内幕交易的立法监管逐渐步入正规化。1999 年修订后的《刑法》首次对内幕交易构成刑事犯罪这一事实进行了明确的规定，随后颁布实施的《证券法》，对内幕交易的行政责任及刑事责任均做出了明确的规定。2007 年 3 月，证监会印发《证券市场内幕交易行为认定指引（试行）》（以下简称《指引》），该《指引》是我国首个专门针对内幕交易行为而下发的规制文件，该文件对内幕交易的认定标准、法律规范及取证方法等问题给出了相应的指导，意在提高内幕交易监管的执法效率。2012 年 5 月，最高人民法院对外发布了最高人民法院、最高人民检察院《关于办理内幕交易、泄露内幕信息刑事案件具体应用法律若干问题的解释》，这是我国针对证券及期货犯罪出台的第一部司法解释①。由此可见，我国的内幕交易监管法律体系可以说是经历了不断细化的发展历程。

在监管层密切关注内幕交易的同时，学术界也针对内幕交易进行了积极的探讨。根据已有文献的归纳，内幕交易的相关研究主要围绕内幕交易的识别及其是否应当被禁止这两个关键问题来展开（王伟，2012）。如前文所述，已有文献主要通过事件研究法来进行内幕交易的识别。而在探讨内幕交易是否应当被禁止时，已有文献主要围绕内幕交易与信息不对称、投资者利益以及资源配置效率这几个议题来展开。其中，与本书关系较为密切的，是内幕交易对于公司治理效率的影响。部分研究认为，内幕交易能够将内部人的私有信息传递给投资者，提高市场配置资源的效率。此外，内幕交易还是一种有效的内部人补偿机制，提高企业价值（Manne，1966）。然而，大多数研究认为，内部人在内幕交易中能够利用自身的信息优势谋取利益。例如，R&D 信息可能作为管理层的私有信息，为管理层带来内幕交易收益（Aboody and Lev，2000）。进一步地，内幕交易更可能发生在信息披露不完善或者治理效率较低的公司中，在一定程度上也说明了内幕交易与外部投资者利益保障程度之间的反向关系（唐齐鸣等，2009）。总体而言，现有文献中直接关注内幕

① 资料来源：新华网，转引自凤凰网，http：//finance. ifeng. com/stock/special/neimuduliu/20120522/6497876. shtml。

交易与公司治理的讨论并不多，两者之间的关系有待学术界进行更深入的探讨。

第三节 本章小结

本章是对第二章理论分析的延续与具体化。在第二章的基础上，本章根据对市值管理行为的归纳与分类，结合各类监管政策的变化，总结了各类市值管理行为在我国资本市场的开展情况。此外，我国 A 股市场在 2015 年出现了大幅度的波动，为我们分析公司及内部人的市值管理行为提供了契机。因此，本章以股权质押为切入点，剖析了大股东与公司为维护市值稳定所做的努力。考虑到我国资本市场的制度背景，本章还结合监管动态及文献中的讨论，简要介绍了我国上市公司市值管理实践中最有可能出现的两类问题：市场操纵与内幕交易。股权分置改革之后，国内学术界与实务界对市值管理进行了一定的探讨，但尚未有研究对上市公司市值管理行为及其实践情况进行详细的总结。本章综合回顾了各类市值管理行为在我国资本市场的发展情况，填补了国内学术界在相关领域的空白，并为监管层及各类市场主体提供了参考。

总体而言，本章认为，市值管理在我国资本市场上的应用已经具备了一定规模。市值管理作为上市公司的重要治理与经营方略，理应会对公司及其利益相关者行为产生影响。以市值管理及其在我国的发展情况为基础，在下一章中，本书将归纳我国上市公司市值管理的两类最重要参与者，并分析他们参与市值管理的动机，为本书的实证研究设计奠定基础。

第四章

理论分析：市值管理的参与者及其动机分析

前三章介绍了市值管理的理论基础及其在我国资本市场上的发展情况。进一步地，本书将提出一个关于我国上市公司市值管理参与者及其动机分析的理论框架。结合我国资本市场的制度背景，本书认为，市值管理的利益主体包括公司股东、管理层、供应商、客户与竞争者等利益相关者，且最主要参与者包括控股股东及管理层，图 4-1 总结了他们参与市值管理的动机。

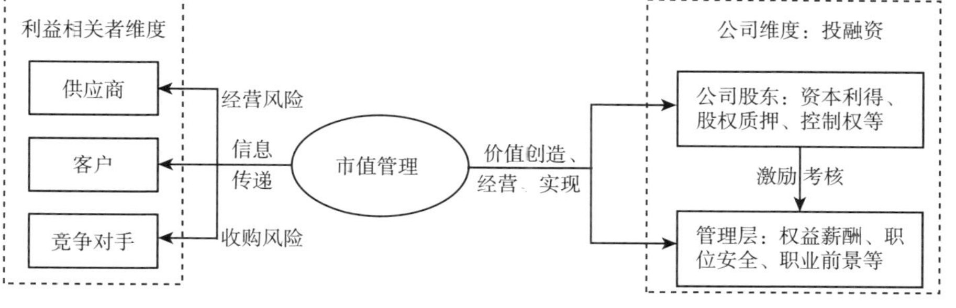

图 4-1 市值管理的多重利益主体动机分析

第一节 市值管理的参与者及其动机分析：控股股东

股东是上市公司市值上升的最直接受益者。考虑到我国上市公司的股权结构以及控股股东对公司经营的积极参与，本书直接论述控股股东参与市值管理的动机。在全流通环境下，公司市值的波动对于控股股东的利益有直接影响：首先，公司市值与控股股东的财富紧密相连，公司市值的上涨会带来控股股东通过减持股票获取的资本利得；其次，公司股票作为在融资市场上普遍使用的质押品，其价值的波动会影响控股股东的融资成本；最后，公司市值波动可能直接影响控股股东对上市公司的控制权。当公司估值过低时，公司的控制权可能发生转移。上述三个因素促使控股股东有动机积极参与上市公司市值管理，后文拟对这三项内容进行逐一讨论。

一、市值管理与控股股东资本利得

股权分置改革之后，控股股东所持股份获得了在二级市场进行交易的机会。我国上市公司控股股东对公司具有强大的影响力，超过 1/2 的控股股东向上市公司委派董事（陈胜蓝等，2014）。与中小股东相比，控股股东在公司经营业绩及发展前景等方面具有明显的信息优势。因此，控股股东的减持行为，与西方文献中内部人交易具有许多共通之处①。

已有研究认为，内部人减持股票的主要动机包括两类：第一类是获取流动性或分散投资风险；第二类是将对公司的信息优势转化为收益（Cheng et al.，2007）。与进入公司时低廉的投资成本相比，股票在二级市场上的升值，为控股股东带来了丰厚的投资回报。考虑到长期的股权分置状态、繁杂的上市过程及上市后的锁定期等诸多因素叠加带来的成本，控股股东有强烈的减持股票以获取投资收益的动机。由于减持价格将直接影响控股股东出售股票的收益，他们有强烈的动机在公司市值较高的时候出售股票，以获取更高的投资收益或更充裕的流动资本。以经过行业调整的市盈率及市净率作为衡量指标，袁渊（2010）证明了控股股东会在公司估值更高的情况下进行减持。

交易价格与减持收益之间的关系可能引发一些机会主义行为。以我国资

① 赛伊洪（Seyhun，1986）在注释中提到，美国 1934 年出台的《证券交易法》中将持股超过 10% 的股东定义为内部人。

本市场上的“大小非”减持为样本，蔡宁等（2009）发现，“大小非”借助自身对公司的影响力，操控了上市公司的盈余管理行为。具体而言，在“大小非”减持之前，上市公司进行了正向盈余管理，提高了业绩水平，进而拉升了股价，为“大小非”获取高额减持收益创造便利。大股东减持同样会影响管理层盈余预测的发布，一方面，大股东减持会利用盈余预测发布的时机及预测内容选择减持时机；另一方面，他们也会影响管理层发布盈余预测的时间（廉鹏，2009）。大股东甚至会与分析师进行合谋，在减持前通过分析师发布乐观的评级报告，以助推公司股价的上涨（赵良玉等，2013）。然而，机会主义行为所带来的利益都是暂时的、终会被识破的（Aboody and Kasznik，2000）。上述机会主义行为面临着审计师、媒体以及监管机构等多方面的监督，具有一定的法律风险及经济成本。以监管机构为例，利用上市公司选择性披露信息拉抬股价一直是证监会持续关注的一类事宜。随着大数据技术及实时监控的发展，针对此类行为的调查机制也在不断完善，进一步提高了控股股东通过机会主义行为获取减持收益的法律风险①。

上市公司市值并不是恒定的，而是围绕着内在价值上下波动的，这增加了控股股东通过减持股票获取资本利得过程中的风险。市值管理要求管理层综合运用各类经营管理及资本运作方法，持续提升公司市值。此外，有效的投资者关系管理可以帮助投资者增加对公司的了解，降低投资者对公司市值的低估，更好地应对内外部不利因素的影响。总体而言，有效的市值管理能够帮助公司市值持续增长，降低市值波动，增加控股股东在减持股票时的时间选择，降低择机行为带来的经济成本及法律风险。因此，本书认为，股票交易所带来的资本利得，赋予了控股股东参与市值管理的动机。

二、市值管理与控股股东股权质押融资

债务融资是企业重要的外部融资渠道，企业的债务融资行为本质上是一

① 资料来源：证券时报网，转引自凤凰财经，http：//finance. ifeng. com/a/20141219/13369554_0. shtml？wratingModule = 1_15_108。

种委托代理行为，债权人作为委托人将资金移交给企业（代理人）使用并收取一定的利息作为回报。但由于信息不对称及代理人机会主义行为的普遍存在，委托代理问题普遍存在于债务契约中。债务融资中的信息不对称可发生在融资前和融资后，由此衍生出的代理问题分别被称为逆向选择与道德风险。

对于逆向选择的研究以信息不对称理论最有代表性，这一理论银行对利率的提高会驱使低风险倾向的贷款人退出信贷市场，追求高风险高收益的贷款人却继续留在信贷市场，但这种高风险申请者会降低银行的利润预期值，这种高风险贷款人驱逐低风险贷款人的现象，即为信贷市场中的逆向选择（Stiglitz and Weiss，1981）。委托代理问题也可能发生在债务融资之后。股东、经理人与债权人之间存在着不同的利益函数。债权人只收取利息作为固定收益，股东则享有清偿债务后的剩余收益索取权，这导致了债权人与股东之间的利益冲突。股东与债权人之间的冲突主要体现为四种情况，分别为股利发放、求偿权稀释、资产替代以及投资不足（Smith Jr. and Warner，1979）。股利发放是指债务人股利发放比率的提高会增加股东的收益，降低企业的留存收益并减少企业的投资及未来收益，导致债权价值的降低。当公司出售其所有资产，并向股东发放清偿性股利时，债权人将丧失对企业财产的要求权。求偿权稀释是指当企业筹集新的借款，且新的债务的优先权与原有债务相同或高于原有债务时，原有债权人对企业财产的要求权的价值会下降。资产替代问题是指企业负债较多时，股东或经理人有强烈的动机去从事那些不确定程度较高，但一旦成功将获利颇丰的投资。一旦投资成功，经理人或股东获得大部分收益，但如果失败，成本将大部分由债权人承担（Jensen and Meckling，1976）。投资不足是指当经理与股东利益一致时，经理会拒绝那些可以增加企业价值，但预期收益却大多归属债权人的投资，负债导致投资不足，降低了企业价值（Myers，1977）。

由于债务代理成本的广泛存在，如何降低债务代理成本就成了学术界及实务界共同关注的问题。被广泛应用于信贷合约的抵押担保条款，就是帮助债权人降低债务风险的一个方法。在信息不对称的情况下，抵押品可以作为向债权人传递项目质量的信号，帮助还款能力较强的贷款申请人降低贷款利率（Chan and Kanatas，1985）。抵押担保是帮助债权人区分贷款申请人风险的机制，债权人可以通过抵押品数量及价值来评估申请贷款企业的风险（Bester，1985）。抵押担保还可以降低债务契约签订之后的代理问题。贷款合约生效后，若贷款人最终无法按合约履行还款义务，抵押担保品的产权将会被转移给债权人，这将约束贷款人的行为，激励其将贷款所得投入债务契约规定的项目（Boot et al.，1991），并按照约定履行还款义务（Barro，1976）。

但抵押担保合同也可能衍生新的问题，例如，借款人有动机在订立合同时虚增抵押物价值，以降低借款成本。当抵押物价值被高估且借款人出现违约时，债权人便会面临损失，这些问题可能在债权人保护法律体系不完善、资产评估中介发展不健全的新兴市场中表现得尤为明显（Chen et al.，2013）。因此，在抵押担保合同中，抵押物的价值是债权人重点关注的事项之一，抵押物价值直接关系到借款人出现违约时债权人的利益是否能够得到充分的保障。股权质押以公司股份作为担保手段，上市公司股份流动性高且计价标准明确，是各国债务融资市场上的重要抵押品之一。据统计，在 2006 ~ 2009 年，79% 的美国上市公司允许持有公司股份的高管质押公司股份（Larcker et al.，2010）。当股东进行股权质押融资时，公司市值体现了质押物的价值。在融资金额一定的情况下，公司市值越高，用于质押的股权价值越高，股东进行质押融资时所需要质押的股份数越少，对其行使现金分红及出售股权等股东权利的影响越小。因此，公司市值的增长能够降低股东质押融资的成本。

总结现有研究，我们可以清晰地看到文献中关于市值管理促进控股股东质押融资的理论体系。抵押品价值的明晰性与稳定性直接关乎债权人利益，当抵押品价值出现一定程度的下滑时，债权人可以要求债务人追加担保。实证研究表明，有效的市值管理帮助公司实现市值的持续增长，降低控股股东进行股权质押融资时面临的抵押物价值波动风险，帮助他们拓宽融资渠道（李旎等，2015）。因此，市值管理与股权质押融资之间的关系，增强了控股股东参与市值管理的动机。

三、市值管理与控制权安全

控制权是指能够对公司的管理资源进行支配使用的权利，包括对公司管理层进行选聘、设定报酬以及解除职务的权利（Fama and Jensen，1983）。控制权市场是一种重要的公司治理机制，当管理者对公司的受托责任履行情况不佳时，公司股价就会下跌，吸引收购方发起控制权转移交易。控制权转移是指收购方通过收购活动，获得目标公司的控制权的行为。实证研究表明，在控制权转移中，目标公司的低效率管理团队离职率显著提高。当收购方以溢价获得控制权时，即为向市场释放对公司发展前景乐观的信号。收购的成功会带来治理效率的提升以及资源的优化整合，为收购公司及目标公司的股东均带来显著的超额收益（Jensen and Ruback，1983）。

我国资本市场脱胎于为国企脱困服务的大背景，为了保持政府对国有企业的控制权，资本市场在成立的很长一段时期内处于股权分置状态，大股东所持股份无法上市流通。此外，由于我国资本市场对公司上市实行管制，上市资格一直属于稀缺资源。考虑到公司的上市状态所带来的声誉效应，大股东轻易不会放弃控制权。因此，控制权市场交易活跃度较低。但随着股权分置改革的完成，非流通股股东所持股份全部实现上市流通，为控制权市场的活跃扫清了最大的制度障碍。根据上一章的总结，股权分置改革之后，监管层陆续出台了一系列的政策，鼓励上市公司各方积极参与控制权交易。考虑到控制权转移的潜在收益，一些希望获取上市公司控制权的管理团队以及通过参与此类业务获利的中介机构，都可能在积极留意合适的目标公司。对于不希望丧失控制权的大股东而言，则存在着了解目标公司特征，以设计防御对策的需求。由此，了解控制权转移交易中的目标公司特征，对各类市场参与者均有着重要意义。

伴随着20世纪60年代的并购浪潮，学术界逐渐对目标公司特征开展了大量的研究。作为收购成本的决定性因素，公司估值是已有研究普遍认可的影响公司是否会成为目标公司的因素之一。价值被低估的公司对于并购方而言，除了是一项低成本投资，更是一个相对较为安全的投资（Palepu，1986）。后续研究进一步在模型中加入非财务因素，证明了即便在控制了非财务因素的影响之后，以托宾Q衡量的公司估值仍然会对公司是否成为目标公司产生显著影响（Adelaja et al.，1999）。以我国上市公司为样本进行的研究也发现了同样的结果，赵勇等（2000）以31家上市公司的国有法人控股权协议转让为样本，分析了公司估值的影响。结果表明，以市账率为衡量指标，高的公司估值可以显著降低公司成为目标公司的概率。由此可见，良好的公司估值对于大股东控制权安全具有重要的意义。

市值管理应当是以内在价值为支撑的管理行为，体现了内部人与投资者之间的利益协同。市值管理要求公司在进行各类决策时充分考虑市值的意义及这些决策对市值的影响，减少对公司市值造成负面影响的错误决策，并重视与投资者的沟通。积极有效的市值管理能够帮助公司平抑市场波动，显著减少公司市值被大幅低估的程度，从而帮助大股东降低丧失公司控制权的风险。

第二节　市值管理的参与者及其动机分析：管理层

随着科学技术的发展及现代社会分工的日趋精细，投资者开始寻求聘请有能力的管理者，以对其投资设立的公司进行经营管理。投资人与管理者签订契约，投资人委托管理者对其投资设立的企业进行经营管理，将部分的决策权授予管理层，并与管理层签订激励契约（Coase，1937）。

从管理层激励层面分析，高管薪酬及职位安全与公司市值之间的关系可能促使他们关注市值管理。薪酬契约是一种被广泛采用的针对委托代理问题的激励机制：信息不对称导致基于努力程度的契约不可行，将薪酬与业绩挂钩的业绩型薪酬成为次优的选择。业绩指标的选取遵循以下原则：如果业绩指标能够传递关于高管努力程度的新信息，则这个业绩指标就应当被包含在薪酬契约里（Lambert and Larcker，1987；Feltham and Xie，1994）。股票价格包含着会计信息所无法反映的股东对于未来盈余的期望，且市场业绩的采用能够降低由于会计计量规则导致的混淆经理人努力与公司业绩之间关系的问题的可能性（罗尼等，2014），因此，高管报酬契约中经常把股票回报作为业绩衡量指标（Jensen and Murphy，1990）。股东还通过在报酬计划中加入权益薪酬来提高管理层自利行为的成本（Balsam and Steven，2002）。当权益薪酬被普遍使用时，管理层可能会出售他们的股份，公司市值波动直接影响管理层的个人财富。即便在管理层的货币薪酬中，市场业绩也逐渐拥有了比会计业绩更加重要的影响（Bushman and Smith，2001）。此外，公司市值与管理层变更或控制权转移之间的关系也会促使管理层关注市值。因此，公司在股票市场上的表现与高管利益紧密相连。

市值管理还有可能从公司发展层面为管理层关注市值管理提供动力。在现代公司治理体系下，管理层对公司运营的参与能够有效弥补股东在人力资本及金融资本等方面的不足，提高公司运营效率。即便是在股权集中度较高的公司中，职业经理人的数量及其对公司运营的影响也在日益提升。以家族企业为例，家族成员对企业日常运营及代际传承的直接参与比例逐渐下降，通过社会招聘及基层提拔等方式选拔而来的职业经理人队伍日趋壮大（储小平，2003；何轩等，2014）。由此可见，公司的经营发展是管理层的重要职责。倘若市值管理能为公司发展提供助力，必将促使管理层有动机参与市值管理。

综上所述，在现代公司治理制度下，管理层受股东委托负责公司的日常经营工作，帮助股东实现资产的保值增值。公司业绩在一定程度上反映了管理层的努力程度，直接关系到他们的切身利益。上市公司市值变化反映了管理层受托责任的履行情况，直接影响到高管的个人财富与职位安全。因此，本节将从管理层激励与公司发展两个层面，分析高管参与市值管理的动机。

一、市值管理与管理层：高管激励

1. 市值管理与管理层激励：现有文献的线索

本节将回顾文献中关于公司市值与管理层个人利益之间的关系的讨论。为此，本节将介绍美国上市公司的高管激励机制，并解释这样的激励机制如何与促使高管参与市值管理。由于前文已论述了权益薪酬与市值变动之间的关系，此处从货币薪酬与职位安全两个角度进行论述。

货币薪酬是高管薪酬契约中的基础组成部分，公司市值的增长能够帮助高管获得更高的货币薪酬。首先，市值的增长代表着公司规模的扩大，现有研究普遍认为公司规模的扩大会显著增加高管薪酬（Jensen and Murphy，

1990）；其次，在股本不变的情况下，公司市值的增加主要由股票收益率驱动。股票收益率体现了股东财富的增量，体现了管理层受托责任的履行情况。近年来，市场业绩在高管激励中的作用越发重要。即便在管理层的货币薪酬中，市场业绩也逐渐拥有了比会计业绩更加重要的影响（Bushman and Smith，2001）。总体而言，公司市值增长对于高管货币薪酬的增长效应已经被现有研究所认同。

除了高管的薪酬激励，上市公司的市值变化还可能与管理层变更紧密相连。管理层变更是约束高管行为的重要机制，能够识别并替换业绩欠佳的高管是良好的公司治理机制的重要特征（Shleifer and Vishny，1997）。从现有研究来看，公司市值的变动是影响董事会关于高管任命的决策的重要因素，会直接影响到管理层变更的概率。相比于股价表现好的公司，股价表现差的公司更换高管的概率较高（Coughlan and Schmidt，1985）。在失去工作之后，因为经营不善导致股东利益受损而离开公司的管理者，在随后至少 3 年的时间里被其他上市公司聘请的难度将增大（Gilson，1989）。与此形成对比的是，如果首席执行官（CEO）在退休前帮助公司实现良好的股价表现，退休后则更可能成为董事会成员（Brickley et al.，1999）。

除此之外，公司市值还可能通过影响公司控制权转移作用于管理层变更。在资本市场有效的情况下，公司市值下跌可能促使其他市场参与者发起控制权转移交易（Jensen and Ruback，1983）。公司控制权转移后，被接管公司的管理层离职概率显著提高（Hadlock et al.，1999），且由于公司控制权转移而离职的管理者从其他上市公司获取类似职位的难度较大（Agrawal and Walking，1994）。由此可见，在资本市场及经理人市场有效的情况下，公司市值还可以通过控制权市场影响管理层变更的概率，促使管理层通过积极的市值管理降低被解雇的风险。

总体而言，美国上市公司市值的变化对于管理层切身利益的影响已经被现有研究所证实，证明了美国上市公司高管具有参与市值管理的动机。但现有研究基本是以成熟资本市场上市公司，尤其是以美国上市公司为样本进行分析，美国上市公司股权集中度较低，机构投资者发展历程较长，职业经理人市场完善，经理人在不同公司之间的流动成本较低，这些都有助于实现市值管理对上市公司管理层的激励效应。我国职业经理人市场发育不成熟，这会增大股东在公司市值表现不佳时更换现任高管的成本。另外，国有企业的高管通常由组织部门或者上级行政主管部门直接任命，市场化程度较低。民营企业中普遍存在着家族成员列席董事会或担任核心高管成员的现象（陈德球等，2013），这种情况可能会强化家族内部的利他主义，导致一些低效率的家族经理人很难被解雇（王明琳等，2006）。因此，现有文献中少量的探讨市场业绩与我国上市公司高管激励的文章，基本集中在对高管货币薪酬的讨论中。为此，本书先回顾我国上市公司高管薪酬激励制度的变迁，再梳理现有文献中有关我国上市公司市值波动与高管薪酬的讨论。

2. 市值管理与管理层激励：我国的制度背景

在我国资本市场建立初期，绝大部分的上市公司为国有企业。20 世纪 90 年代之后，为了适应市场环境的变化，部分上市公司开始实行年薪制，管理者的薪酬主要包括固定薪酬与绩效年薪，后者与企业业绩相联系。年薪制的实施把管理层与职工的激励分离开来，对管理层在企业经营中的重要作用及风险承担进行了补偿，更好地发挥了对管理层的激励效应。2000 年以后，我国上市公司开始逐步通过高管持股等方式探索股权激励的运用。随后，股权分置改革的实行以及《上市公司股权激励管理办法（试行）》的颁布实施，为股权激励在我国上市公司的运用提供了基本的政策指引。

必须指出的是，由于我国上市公司高管薪酬以货币薪酬为主，国内学术界仅有极少数文献考察了股东回报或公司市值变动与高管薪酬的关系。杜兴强等（2007）发现，我国上市公司高管薪酬与前后两期的公司市场价值呈正相关关系，但这种相关关系并不显著。吴育辉等（2010）以 2004 ~ 2008 年的 A 股上市公司为样本，发现上市公司股票回报率对于高管薪酬并没有显著的解释力度。总体而言，目前国内大部分研究只检验了高管薪酬与会计盈利之间的关系。股权分置改革之后，市值管理的重要性日益增加。即便是在高管激励制度一定程度上会受到政治因素影响的国有企业，市场化进程的加深等方面的制度变迁也会逐渐加大市场业绩在高管薪酬契约中的作用（辛清泉等，2009）。因此，在全流通背景下，市值管理可能具备影响高管薪酬契约的制度基础。

二、市值管理与管理层：公司层面的分析

（一）市值管理与公司融资效率：现有文献的线索

如前所述，公司的经营发展是管理层的重要职责。因此，本节先从公司层面总结文献中对于公司市值与公司运营之间关系的讨论，证明管理层具有积极参与市值管理的理论基础。现有研究对于公司市值与公司行为的探讨主要集中在公司市值与公司投融资行为的关系上，其中，市值对公司投资行为的影响是以市值影响融资为基础的。因此，本节重点回顾现有文献中对于公司市值与公司融资行为的讨论。

20 世纪 90 年代之后，行为金融学的发展推动了财务学将上市公司股票市场估值融入公司融资行为的讨论中。行为金融学认为，投资者是有限理性的，他们会存在认知偏差及行为方式上的差异，无法及时对所有信息进行客观无偏的处理，其行为可能受到情感因素的影响。管理层可能利用市场对公司的非理性高估进行股权融资，也可能利用市场对公司的非理性低估进行股票回购（Stein，1996）。市场估值对公司的资本结构造成影响，这种影响是通过影响净股权融资实现的，管理层的择时行为对于公司资本结构有着显著且持久的影响（Baker and Wurgler，2002）。陆正飞等（2011）对市场时机理论的逻辑进行了总结，他们认为，市场时机理论本质上是边际成本最小化理论的变形，当股价高估时，市场择时行为能降低股权融资的边际成本。总体而言，现有文献就市值对于股权融资的促进作用已有较一致的看法，即公司更倾向于在其市值高的情况下进行股权融资，以降低融资成本，增加融资金额。股票市场对公司的估值同样可能影响公司债务融资。历史时期的公司市场估值会影响当期资本结构，但造成这种影响的原因，并不仅仅是公司的市场择机行为，还因为公司过去的估值信息包含了关于公司成长性的信息。刘澜飚等（2005）的研究发现，中国上市公司的债务融资行为存在着市场择时行为。

在现实资本市场中，融资约束的普遍存在影响了企业的投资行为。在股票市场非完全理性的情况下，公司可以通过选择融资时机降低资本成本，获

取更多的股权融资，从而影响投资行为（Morck et al.，1990）。除了固定资产投资，公司市值也可能影响管理层进行并购的动机。在资本市场无效及管理层理性的假设下，以 1978～2001 年美国上市公司的并购活动为样本的实证分析结果支持了上述的理论（Rhodes Kropf et al.，2005）。

总体而言，上市公司市值对其融资行为，尤其是股权融资的影响已经在一定程度上得到现有研究的认可。现有研究中关于上市公司市值及其融资效率的讨论，为管理层提供了参与市值管理的动机。首先，信息不对称是现代股份制企业融资中面临的首要问题，融资效率的提升主要取决于信息不对称问题是否得到了有效的解决（Rajan，1992）。股票市场作为广泛吸纳社会资金的“蓄水池”，能够通过股票价格在市场参与者之间传递关于企业价值的信息（Dow and Gorton，1997）。有效的市值管理能够减少公司市值的不合理波动，向外界传递公司经营状况良好的信号，降低潜在投资者对公司风险的评估。其次，市场择时理论认为，管理层倾向于在公司市值较高时进行股票融资，以获取更高的融资金额。在信息不对称的情况下，这样的择时行为可能导致盈余操纵或虚假信息披露等违法行为。如前文所述，有效的市值管理要求管理层尽量减少误伤市值的错误决策，并通过有效的投资者关系管理降低投资者对公司市值的低估，从而增加公司在进行股权融资时的时间选择，降低择机行为带来的经济成本及法律风险。

前文一般性地分析了市值管理在提高公司融资效率方面的可能作用，那么，在我国的制度环境下，市值管理是否切实发挥这样的作用呢？本书认为，我国机构投资者的不断发展以及信贷金融机构风险管控制度的持续完善，为市值管理帮助公司提高融资效率提供了现实基础。因此，从公司发展的层面分析，我国上市公司高管具备参与市值管理的动机。以下对我国机构投资者及信贷机构的发展进行简要的制度背景回顾。

（二）市值管理与公司融资：我国的制度背景

1. 机构投资者的发展壮大

我国机构投资者的发展起步较晚，截至 1997 年底，我国股票市场上机构投资者的开户数量占总开户数的比例尚不到 1%。机构投资者整体规模偏小导致了市场投资者结构不合理，且发展极不平衡的异象。我国市场上的机构投资者包括证券投资基金、社保基金、保险公司及合格境外投资者等，其中，证券投资基金规模最大。2004 年 6 月，《中华人民共和国证券投资基金法》实施，证券投资基金朝着规范化的方向进一步发展。2005 年底至 2007 年 10 月，上证综指由 998 点的低点上涨到最高的 6124 点，涨幅超过 500%，基金行业也在股票市场的上扬中得到了长足发展。根据蔡庆丰等（2010）的统计，基金资产净值由 2001 年底的 118 亿元发展到 2007 年底 30423 亿元的峰值，开放式基金资产净值占同期 A 股总流通市值的比重也由 2001 年底的不到 1% 最高飙升至 2008 年底的 42% 左右。根据中国证监会统计的数据，截至 2015 年底，我国资本市场上的证券投资基金达到 2724 只，较 2012 年底增长 43.6%。①

随着机构投资者的逐步发展壮大，机构投资者在公司治理中的作用，成了学术界持续关注的热点问题。具体到机构投资者促使上市公司通过市值管理提升融资效率的作用机制，本书认为，可以同时体现在投资前及投资后。一方面，作为拥有专业知识的理性投资者，市值管理表现亮眼的公司更容易吸引到机构投资者的持股。考虑到机构投资者的资金优势，他们的持股将加大上市公司股票的需求量，有助于上市公司在进行股权融资时募集到更多的资金。另一方面，持股后的机构投资者可以利用其专业优势和持股优势，积极参与公司治理，推动公司积极开展市值管理活动，促进市值管理融资效应的释放。例如，由于机构投资者的持股比例高于普通的中小投资者，且具备一定的专业知识，规模经济及专业优势使得他们有动机和能力监督管理层，并要求公司提高信息披露质量。例如，机构投资者能够促进公司提升管理层盈余预测的准确性与及时性，且这种治理效应在股权分置改革后得到增强（高敬忠等，2011）。因此，除了改善公司股票的需求状况外，机构投资者持股还可能提高公司参与市值管理的积极性，提高融资效率。由此可见，随着我国股票市场上投资者的专业化程度的不断提高，上市公司通过市值管理提

① 资料来源：中国证券监督委员会网站，http://www.csrc.gov.cn/pub/zjhpublic/G00306204/zqscyb/201603/t20160321_294531.htm。

高融资效率具备了一定的现实基础。

2. 信贷金融机构的发展与监管制度的逐渐完善

以银行为代表的信贷金融机构在我国的融资体系中占据着重要的地位。20 世纪 80 年代初期，我国开始构建了以四大国有商业银行为主体的信贷体系。1988 年，财政部颁布《关于国家专业银行建立贷款呆账准备金的暂行规定》（以下简称《规定》），《规定》中明确指出，银行需按照贷款余额的一定比率提取呆账准备金，用于弥补可能出现的贷款损失，四大银行据此先后设立了贷款责任制度，信贷风险管理意识逐步得以树立。1993 年，第八届全国人民代表大会第三次会议通过了《中华人民共和国人民银行法》，银行监管工作逐步步入规范化轨道。随着《关于推进和完善贷款风险分类工作的通知》等一系列法规的出台，银行业监管的重点进一步向防范及化解金融风险转变，监管层将全面降低不良资产率作为其监管工作的主要任务，推动银行不良资产余额及比率保持稳定。表 4－1 列示了 2013～2017 年银行业金融机构不良贷款余额及比率的数据，由此可见，在监管力度及市场经济不断推进的环境下，我国银行业金融机构在对信贷风险的控制方面取得了较明显的成效。

表 4－1　　银行业金融机构不良贷款余额及比率

年份	2013	2014	2015	2016	2017
不良贷款余额（亿元）	11800	8425	12744	15122	17057
不良贷款率（%）	1. 49	1. 25	1. 67	1. 74	1. 74

资料来源：中国银行业监督委员会各年年报。

由此可见，随着金融监管力度的趋于严格及市场化改革的逐步推进，各类信贷金融机构加大了对贷款项目的事前审核及后续监督力度。学术界对此也给予了关注，许多研究认为银行业改革提高了银行决策的商业化程度，提高了资源配置效率（孙亮等，2011；孙会霞等，2013）。作为上市公司综合实力的标杆，稳定的市值是公司运营情况良好且价值得到资本市场认可的一种信号。在信贷风险控制管控不断增强的大环境下，市值管理对于公司债务融资的作用应当逐渐得以显现。因此，随着我国信贷机构的监管力度的不断加大，上市公司通过市值管理提高债务融资效率具有一定的现实基础。

（三）市值管理与公司利益相关者

市值管理对公司的竞争对手、供应商和客户等利益相关者决策也具有一定的影响。股票市场作为广泛吸纳社会资金的“蓄水池”，能够通过股票价格在市场参与者之间传递关于企业价值相关的信息（Dow and Gorton，1997）。当企业的市场价格较高时，利益相关者会相应调高对企业成长性的估计，从而采取对企业经营更为有利的行为（朱迪星、潘敏，2012）。例如，如果公司市值管理较差使得其偏离真实的价值水平，则竞争对手可能对其进行收购。同时，企业市值表现较差可能反映了企业在经营层面的风险，这也可能影响供应商和客户的行为（例如供应商可能降低对公司的专有投资水平）。

第三节　本章小结

以市值管理的理论背景及其在我国资本市场的发展情况为基础，本章对已有文献中关于市值管理参与者及其动机的讨论进行了总结。从已有研究的线索来看，市值管理能够增加控股股东通过减持股票获取的资本利得，提高控股股东进行股权质押时的质押物价值稳定性，巩固控股股东对公司的控制权。由于上市公司市值经常被用于检验高管受托责任的履行情况，市值管理可能影响管理层的个人财富以及职位安全。从公司发展层面分析，良好的市值管理还可以增加公司进行股权融资时的时间选择，降低融资择时成本，提高融资效率，促使利益相关者在进行决策时采取对公司更为有利的行为。因此，上市公司市值波动会直接影响股东及管理层的切身利益。考虑到我国的制度背景，我国上市公司市值管理最重要的参与者应为控股股东及管理层。以已有文献中的线索及我国上市公司的制度背景为基础，本章以利益主体为切入点，系统总结了已有文献中关于市值管理动机的论述，深化了已有研究对于市值管理与企业重要利益相关者之间关系的认识，有利于学术界更好地辨清企业内部的利益构成，并为后续研究提供理论参考。

第五章 市值管理与控股股东利益侵占行为*

在这一章中，本书将检验市值管理对于上市公司控股股东股权质押融资的影响，并进一步检验市值管理对于控股股东利益侵占行为的影响，由此揭示市值管理对于控股股东行为的影响。

第一节　研究问题的提出

集中的股权结构普遍存在于全球大多数国家的大型企业中，此类代理问题的研究重心是控股股东与中小股东之间的代理冲突（第二类代理问题）。集中的股权结构是公司对自身发展环境的一种适应行为，当一个国家的法律制度无法对投资者的权利施以有效的保护时，投资者便会通过提高股权集中度来保证契约的实施（Shleifer and Vishny，1997）。但股权的高度集中导致少数大股东掌握了企业的控制权（Johnson et al.，2000；Friedman et al.，2003），加之金字塔结构、双重股票以及交叉持股等组织形式的普遍存在，导致了控制人现金流权与控制权的分离，控股股东利用控制权谋取控制权私利的收益高于其通过现金流权获得的收益（Claessens et al.，2002）。投资者法律保护体系的完善度也影响着控股股东行为，法律对投资者的保护程度越低，控股

* 本章的部分内容于2015年5月发表于《会计研究》，现已经调整后更新。

股东的利益侵占行为越严重（La Porta et al.，2000），即控股股东将企业的利润及资产转移到自己手中，导致公司及外部中小股东利益受到侵犯（Johnson et al.，2000）。一系列实证研究表明，掏空行为广泛存在于全球股权集中的公司中，损害了外部中小股东的利益（Bae et al.，2002；Cheung et al.，2006；Jiang et al.，2010），甚至妨碍了资本市场的健康发展（Morck et al.，2000）。

由于控股股东掏空行为对资本市场发展及中小股东利益的严重危害，大量文献围绕如何对掏空行为进行有力约束进行了深入的探讨。现有文献对第二类代理问题的监督机制的探讨，涉及了投资者法律保护体系（La Porta et al.，2000）、地区市场化程度（郑国坚，2011）、股权结构（Bennedsen and Wolfenzon，2000）、董事会特征（高雷等，2006）以及审计师监督（洪金明等，2011）等。但现有研究在何种治理机制能够制约控股股东的利益侵占行为的探讨上鲜有较为一致的结论。以股权结构为例，国外文献通常认为，多个大股东的存在能够有效制衡大股东的行为（Bennedsen and Wolfenzon，2000），但以我国上市公司为背景进行的研究结论却存在着较大的分歧（李增泉等，2004；高雷等，2006）。

现有文献的潜在不足为减缓第二类代理冲突的探讨提供了空间。首先，由于新兴市场在文化传统及法律体系等方面的不同，现有的在成熟资本市场背景下发展起来的公司治理机制，在新兴市场公司中可能并无法充分发挥作用。探索行之有效的新兴市场公司治理机制，是理论界及实务界共同关注的重点问题（Young et al.，2008）。其次，现有文献对新兴市场控股股东行为的研究，主要集中在掏空和支持两方面的探讨，且控股股东对上市公司提供支持的目的也是为了将来的掏空（Johnson et al.，2000；Friedman et al.，2003）。掏空可能造成公司价值的严重折损（Jiang et al.，2010），直接损害控股股东自身财富。作为理性经济人，控股股东的决策会综合考虑相应的成本与收益。但鲜有研究直接关注控股股东在通过掏空行为或通过公司市值增长两种获利方式中如何进行权衡，而是更多地关注法律风险等外在制衡力量对其掏空行为的制约。最后，我国资本市场上的控股股东掏空行为一直广受诟病，虽然证监会对此的监管日益趋紧，控股股东的行为依旧难以抑制（贺建刚等，2010），其中一个可能的重要原因便是股权分置限制了控股股东的获利渠道。股权分置改革之后，控股股东所持股份得以上市流通，股价波动及公司市值变化开始与控股股东切身利益紧密相连，并逐步形成了市值管理理念。探讨由此带来的控股股东行为的变化，具有重要的现实意义。

基于上述分析，本章提出的问题是市值管理能否对控股股东的切身利益产生影响？如果答案是会产生影响，市值管理是否可以通过拓宽控股股东获利渠道、增加掏空行为的经济成本来降低控股股东与中小股东之间的代理冲突？上述问题的答案是否会受到市场环境的影响而有所差异？上述问题将在本章后续的理论分析及实证检验中予以解答。

本章后续安排如下：第二节是文献回顾与研究假设；第三节介绍研究设计；第四节报告和分析了本章的主要实证结果；第五节是进一步分析与检验；第六节是稳健性检验；第七节是本章的研究结论。

第二节　文献回顾与研究假设

一、市值管理与控股股东股权质押融资

债务融资是企业重要的外部融资渠道。研究表明，在企业存在负债的情况下，由于信息不对称问题的广泛性，企业的控股股东或经理人员有动机通过侵害债权人利益来获取私利，由此引发债务融资中的代理问题。债务融资中的信息不对称可发生在融资前或融资后，由此衍生出的代理问题分别被称为逆向选择和道德风险。前者主要表现为债权人无法有效辨别债务人的风险及偿债能力，后者表现包括通过发放清算性股利或投资高风险项目侵占债权人的利益（江伟等，2005）、发行新的负债后原有债权人的求偿权被稀释以及经理可能拒绝大多数预期收益归于债权人的盈利项目（Smith and Warner，1979）。

因此，如何降低债务代理成本，减少不良资产问题的发生概率，是债权人关注的重点问题，被广泛应用于信贷合约的抵押担保条款，就是降低债务

违约风险的一个机制。在信息不对称的情况下，抵押品可以作为向债权人传递项目质量的信号，降低债权人与贷款申请人之间的信息不对称，并帮助还款能力较强的贷款申请人降低贷款利率（Chan and Kanatas，1985）。抵押担保是帮助债权人区分贷款申请人风险的机制，债权人可以通过抵押品数量和价值来评估申请贷款企业的风险（Bester，1985）。抵押担保还可以降低债务融资之后的代理问题，贷款合约生效后，若贷款人最终无法按合约履行还款义务，抵押担保品的产权将会被转移给债权人，这将约束贷款人的行为，激励其将贷款所得投入债务契约规定的项目（Boot et al ，1991），并按照约定履行还款义务（Barro，1976）。

但抵押担保合同也会衍生出新的问题，例如，借款人有动机在订立合同时虚增抵押物价值，以降低借款成本。当抵押物价值被高估且借款人出现违约时，债权人便会面临损失，这些问题可能在债权人保护法律体系不完善、资产评估中介发展不健全的新兴市场中表现得尤为明显（Chen et al. ，2013）。因此，在抵押担保合同中，抵押物的价值是债权人重点关注的事项之一。与此同时，抵押担保合同还可能导致债权人产生对质押物信息的需求，促使他们搜集更多的信息用以决策。

股权质押作为融资市场上的一种重要抵押品，其担保物为公司股份。近年来，由于上市公司股权质押具有担保物流动性高且计价标准明确等优点，股权质押在我国资本市场上日渐普遍。根据笔者的统计，截至 2016 年末，48. 08% 的上市公司存在大股东股权质押余额。股权分置改革之后，控股股东所持股份的价值计量实现了从净资产向市价的转变。当控股股东进行股权质押融资时，公司市值体现了质押物的价值。在融资金额一定的情况下，公司市值越高，用于质押的股权价值越高，控股股东进行质押融资时所需要质押的股份数越少，对其行使现金分红及出售股权等股东权利的影响越小。在上市公司及其内部人重视市值管理的情况下，公司股价表现更有可能持续平稳增长，抵押物价值大跌风险较小，向外部投资者传递公司财务状况及公司治理效率良好的信号。此时，控股股东以股份作抵押进行借款更易被债权人接受，借款后被债权人要求追加抵押物的可能性更小。此外，市值管理要求公司改善信息披露，加强投资者关系管理，增加了外部投资者可以获取的信息，降低了公司与外部投资者之间的信息不对称，也降低了控股股东在进行股权质押融资时债权人所面临的质押物价值虚高的风险。由此，市值管理能够通过降低抵押物价格波动风险帮助控股股东实现股权质押融资。

我国金融市场发展存在的制度性缺陷与政府干预的普遍存在使得债权人面对国有企业与民营企业的大股东质押融资时可能存在一定差异。由于国有企业所拥有的天然优势与预算软约束，在质押股权触及警戒线或平仓线时，国有控股股东更有可能从银行获取补充质押保证金所需资金，控股股东在质权人面前具有较大谈判力（王雄元等，2017）。这将促使债权人降低对国有控股股东进行股权质押的风险程度的评估，进而降低他们对质押物价值稳定性的要求。另外，由于国有股在进行股权质押时所面对的制度约束较多，国有控股股东股权质押业务开展较少，市值管理对于股东融资效率的提升作用也较难得以释放。

综上所述，本书提出以下研究假设。

假设 H5－1：在其他条件一定的情况下，市值管理有助于控股股东的股权质押融资，且这一关系在民营企业中更为显著。

二、市值管理与第二类代理问题

在我国资本市场中，诸多制度安排决定了上市公司第一大股东普遍拥有上市公司的相对或绝对控制权。借此控制权，控股股东可以轻易地对上市公司实施各种掏空性和支持性的行为以实现某种目的（郑国坚等，2013）。我国的上市公司在股权分置改革以前存在“二元股权结构”，控股股东和其他法人股东无法通过二级市场交易获利，增强了他们谋求自身利益最大化而攫取上市公司资源、侵犯中小股东利益的动机，典型的侵占行为包括各类关联交易（Berkman et al.，2009；Jian and Wong，2010）。尽管监管力度在持续加大，但资本市场中关联交易、资金占用等相关现象并没有得到真正的持续改善（郑国坚等，2013）。由此可见，探讨能够制约控股股东利益侵占行为的机制具有重要的现实意义，将是学术界持续关注的焦点。

2005 年股权分置改革之后，随着控股股东所持股份逐渐上市流通，股价的变动和公司市值逐渐成为控股股东所持股份价值的衡量标杆，由此催生其市值管理动机。当上市公司股价稳步上升，公司股票在资本市场中表现优秀时，控股股东可以通过各种途径获取利益。例如，较高的股价有助于控股股东的股权质押等外部融资方式，降低股东和公司的融资成本，也有利于股东在更理想的价位减持其股票而获利。袁渊（2010）发现，市场对股票价值的评估会显著影响大股东的减持行为。进一步来说，随着市值管理逐渐成为控股股东非常重要的获利途径，他们的利益输送动机及行为方式可能发生变化。控股股东对上市公司采取何种行为，取决于特定的状态和约束条件（Friedman et al.，2003）。作为理性经济人，控股股东在选择获利方式时会综合权衡成本和收益。一方面，近年来，监管层陆续出台了多项监管政策，逐渐加强了对控股股东传统利益侵占行为的监管，使得控股股东通过资金占用和关联交易等方式获取控制权私利的法律风险日益加大；另一方面，当控股股东进行股权质押等外部融资活动时，为了避免掏空行为给公司形象和股票带来的不利影响（Jiang et al.，2010），进而避免质押股权价值的减损和银行的压力，在这种情况下，控股股东就可能自觉减少其掏空行为甚至增加一些支持性的活动，从这个意义上说，市值管理不但有助于控股股东的外部融资，而且在某种程度上发挥了治理作用。

为此，我们提出以下研究假设。

假设 H5-2：市值管理能够制约控股股东对上市公司的利益侵占行为，且当控股股东实现外部融资时，市值管理的治理效应得到增强。

三、市值管理与第二类代理问题——市场环境的影响

如前文所述，在全流通环境下，控股股东可以通过减持与股权质押等方式从公司市值的上升中获利，市值管理通过影响利益侵占行为的成本与收益发挥治理作用。因此，控股股东会在利益侵占与市值管理两类获利方式之间进行权衡，进而减少利益侵占行为。本书认为，外部市场态势可能影响市值管理与控股股东利益侵占行为之间的关系。当资本市场处于熊市时，投资者情绪低迷，股价的持续低迷会强化投资者的悲观预期。此时，细微的负面消

息释放都可能对公司股价造成重大冲击（辛宇、李天钰，2014）。由于控股股东的利益侵占行为会对公司基本面造成负面影响（Jiang et al.，2010），熊市的悲观预期可能导致投资者增大利益侵占对公司价值负面影响的评估，提高利益侵占行为的成本。市值的波动直接关系到公司发展与利益相关者的切身利益，尤其是控股股东质押物价值稳定与控制权安全。因此，在熊市环境下，为了尽量降低市值折损所造成的负面影响，控股股东可能更注重减少利益侵占行为，市值管理对控股股东利益侵占行为的约束作用更能得以体现。

为此，本书提出以下研究假设。

假设 H5－3：市值管理能够制约控股股东对上市公司的利益侵占行为，且在熊市环境下，市值管理的治理效应得到增强。

第三节　研究设计

一、样本选择与数据来源

2005 年 4 月，股权分置改革以分批试点方式开启，控股股东所持股份逐步上市流通，上市公司及内部人的市值管理动机逐渐增强。因此，本章以 2005～2016 年的沪深 A 股上市公司为研究样本，控股股东股权质押、公司产权性质、财务数据和控股股东持股比例数据均来自 CSMAR 数据库。在剔除了金融类公司、ST 类公司、资不抵债公司与数据不全的公司之后，我们最终得到 21580 个样本。

二、模型建立与变量度量

本书建立以下模型，以分别检验市值管理与控股股东外部融资的关系以及市值管理对控股股东利益侵占行为的影响，即：

$$Pledge_{i,t} = \alpha_1 + \alpha_1 Car_{i,t-1} + ControlVariables + \varepsilon \qquad (5-1)$$

$$Tunnel_{i,t} = \beta_0 + \beta_1 Car_{i,t-1} + \beta_2 Pledge_{i,t-1} + \beta_3 Car_{i,t-1} \times Pledge_{i,t-1} + ControlVariables + \eta \quad (5-2)$$

式（5－1）中的被解释变量为控股股东股权质押 Pledge，考虑到债权人对质押物质量的审查监督在借款合同生效后仍持续生效①，本书采用控股股东期末股权质押情况衡量其外部融资行为，具体而言，若本年期末上市公司控股股东存在股权质押时，Pledge 取 1，否则取 0。式（5－2）的被解释变量是控股股东利益侵占 Tunnel，参照以往文献（Jiang et al.，2010）等的做法，本书采用资金占用衡量控股股东利益侵占。现有文献在掏空行为的衡量上，经历了从运用集团内部关联并购（Bae et al.，2002）、定向增发（Baek et al.，2006）、集团成员之间利润敏感性（Bertrand et al.，2002）等间接指标，到后期的运用关联交易公告的财富效应（Cheung et al.，2006）、关联交易金额（Cheung et al.，2009）以及资金占用（Jiang et al.，2010）等直接指标的演变过程。与关联交易等其他指标相比，资金占用可以直接衡量出控股股东对上市公司的资源占用程度，无须考虑双方之间出于提高效率的交易安排，在掏空的衡量上更为精确（Jiang et al.，2010）。根据我国的会计准则，控股股东占用上市公司的资金情况主要通过上市公司与应收款项有关的三个会计科目反映出来，分别是应收账款、预付账款与其他应收款；上市公司占用控股股东的资金情况则主要通过上市公司与应付账款有关的三个会计科目反映出来，分别是应付账款、预收账款和其他应付款。由于应收账款、预付账款、应付账款和预收账款四个会计科目是由生产经营活动引起，而其他应收款和其他应付款则通常在非生产经营活动中产生，本书重点考察市值管理对控股股东非生产经营性资金占用的影响，并在附加检验中进一步分析市值管理是否影响控股股东的生产经营性资金占用。考虑到产权控制关系的存在，我们将控股股东控股的其他公司或企业与上市公司的资金占用也视同其资金占用。参照李增泉等（2004）、申明浩（2008）等的做法，我们将上市公司向控股股

① 2013 年 7 月 4 日，冠福家用发布公告，由于近期股价跌破警戒线，公司实际控制人之一林福椿将追加 1357 万股公司股份作为质押物。林氏家族曾与债权人国盛证券约定，被质押股票以 5 日收盘均价计算的总市值低于回购价款的 160%（警戒线）时，前者需要在 2 个工作日内追加保证金或追加质押国盛证券认可的股票。

东借出的资金减去从控股股东借入的资金得到控股股东对上市公司的资金净占用额来衡量控股股东的掏空行为。

市值管理是一项复杂的系统工程，涉及公司及股东多方面的运作，难以用某个具体的行为指标进行衡量，其最终目的是实现公司价值的持续提升和股东所持股权资产效用最优化。因此，本书采用股票回报率作为市值管理的衡量指标，公司内部人越重视市值管理，公司股价越可能实现持续稳步上升。区别于托宾 Q 和市净率等时点指标，股票回报率计算周期更长，更能体现公司市值的持续提升。本书采用经市场调整的股票回报率 Car1 作为市值管理的衡量指标，计算公式如下：

$$\text{Car1} = \prod_{1}^{12}(1 + R_{it}) - \prod_{1}^{12}(1 + M_{it}) \tag{5-3}$$

其中，R 为流通市值加权平均法计算的考虑现金红利再投资的月个股回报率；M 指月度市场回报率。考虑到年报发布对公司股价的影响，计算期间从上年 4 月末至本年 4 月末，以降低潜在的内生性问题对回归结果造成的影响。由于有效的市值管理应当促进股价持续平稳增长，模型中再加入经计算期内 12 个月的经市场调整的月度收益率的标准差进行标准化后的股票回报率 Car2，股票回报率越高，回报率波动越小，则 Car2 越高。Car2 的计算方法如式（5－4）所示，Sd 为计算期内经市场调整的月度收益率的标准差，即：

$$\text{Car2} = \text{Car1}/\text{Sd} \tag{5-4}$$

在控制变量的选取上，模型中加入公司规模、资本结构、公司业绩、产权性质、独董比例等变量，以控制公司特征对控股股东融资及其利益侵占行为的影响。考虑到控股股东利益侵占行为的连续性，模型中加入上一期资金占用。模型中还加入年份和行业虚拟变量，以控制宏观环境影响。具体的变量定义如表 5－1 所示。为降低极端值的影响，本书采用 winsorize 方法，对连续变量数据进行 1% 水平上的缩尾处理，并在回归模型中同时控制异方差和残差时间序列自相关问题。

表 5 - 1 变量定义

变量	变量定义
Pledge	股权质押哑变量，控股股东期末存在股权质押余额时取 1，否则取 0
Tunnel	（上市公司母公司及其控制的其他公司占用上市公司的其他应收款 - 上市公司占用母公司及其控制的其他公司的其他应付款）/上年末总资产
Car1	上年度经市场调整的股票回报率
Car2	上年度经市场调整的股票回报率/公司上年度各月份经市场调整的股票回报率的标准差
Soe	产权性质，国有企业取 1，否则取 0
Size	上年末公司总资产的自然对数
Leverage	上年末公司资产负债率，等于负债总额/总资产
Roe	上年末公司净资产收益率，等于年度净利润/股东权益期末和期初余额的均值
Block	上年末控股股东持股比例
Bind	上年末独立董事比例
Ltunnel	上年末控股股东占用公司资金余额占总资产的比例
Year	年份虚拟变量
Industry	行业虚拟变量

第四节 实证结果及分析

一、描述性统计

表 5 - 2 列示了模型中主要变量的描述性统计，样本期间，有 35% 的控股股东通过股权质押获取外部融资。控股股东及其关联方对上市公司的资金净占用占公司总资产的金额均值为 - 0.8%，总体而言，控股股东及其关联方在内部资本市场对上市公司的利益侵占基本上等于其对公司的支持。经市场调整的股票回报率在不同公司之间差异明显，有略微多于 1/2 公司的股票回报率高于市场回报率，而在考虑股票回报率在一年内的波动之后，样本公司的股价表现差异更为明显，为后面的回归分析提供了较好的基础。超过五成的样本公司为民营企业，样本公司的资产负债率均值为 0.448，控股股东持股比

例均值为37%，股权集中度较高，接近一半的公司存在最终控制人两权分离的情况。

表5-2　　描述性统计

变量	样本量	均值	方差	最小值	中值	最大值
Pledge	21580	0.353	0.478	0	0	1
Tunnel	21580	-0.008	0.033	-0.271	0	0.081
Car1	21580	0.083	0.525	-0.978	-0.016	2.682
Car2	21580	0.002	4.186	-12.081	-0.162	13.999
Soe	21580	0.487	0.500	0	0	1
Size	21580	21.751	1.248	18.850	21.590	26.488
Lev	21580	0.448	0.208	0.048	0.455	0.998
Roe	21580	0.066	0.134	-1.070	0.071	0.718
Block	21580	0.370	0.154	0.089	0.353	0.752

表5-3是主要变量的相关系数矩阵，从表中我们可以发现，控股股东股权质押与Car1、Car2均在1%水平下显著正相关，市值管理绩效越好，越有利于控股股东通过股权质押实现外部融资，初步验证了本章的假设H5-1。控股股东资金占用行为则与Car1、Car2分别在在1%、5%水平下显著负相关，市值管理意识的增强加大了利益侵占行为的成本，降低了控股股东的利益侵占行为，也与本章的假设H5-2相符。公司业绩与控股股东持股比例分别与控股股东利益侵占行为呈正相关与负相关，与以往文献相符。大多数变量之间存在显著的相关关系，但运用方差膨胀因子的多重共线性诊断表明，平均VIF为2.39，共线性对回归结果影响较小。

表5-3　　相关系数矩阵

变量	Pledge	Tunnel	Car1	Car2	Soe	Size	Leverage	Roe	Block
Pledge	1								
Tunnel	0.0200***	1							
Car1	0.0446***	-0.0249***	1						
Car2	0.0346***	-0.0250**	0.8754***	1					
Soe	-0.3359***	-0.0859***	-0.0469***	-0.0300***	1				

续表

变量	Pledge	Tunnel	Car1	Car2	Soe	Size	Leverage	Roe	Block
Size	-0. 0548 ***	0. 0118 *	-0. 0511 ***	-0. 0468 ***	0. 3150 ***	1			
Leverage	0. 0213 ***	-0. 1467 ***	0. 0202 ***	0. 0272 ***	0. 2847 ***	0. 4230 ***	1		
Roe	-0. 0531 ***	0. 0676 ***	0. 0459 ***	0. 0610 ***	-0. 0374 ***	0. 1195 ***	-0. 1505 ***	1	
Block	-0. 0600 ***	-0. 0524 ***	-0. 0202 ***	-0. 0247 ***	0. 2182 ***	0. 2435 ***	0. 0455 ***	0. 1032 ***	1

二、回归分析

1. 市值管理与控股股东股权质押融资

我们先对市值管理与控股股东股权质押融资之间的关系进行多元回归分析，结果如表 5 -4 的第（1）、第（2）列所示，市值管理系数显著为正，表明当公司市值管理绩效更好时，控股股东更可能通过股权质押实现外部融资。为了检验产权性质的影响，我们在模型中加入市值管理与产权性质的交互项。结果如第（3）、第（4）列所示，交互项的系数为负，且系数在 1% 水平下显著，表明市值管理对控股股东质押融资的促进作用在民营企业中更为显著。综上，假设 H5 -1 得到有力的支持，证明了市值管理对控股股东通过股权质押进行融资的直接影响。最终控制人性质对控股股东股权质押融资行为有重要影响，民营企业的控股股东通过股权质押获取外部融资的行为频率显著高于国有企业。

表 5 -4　　　　市值管理与控股股东股权质押融资

变量	(1)	(2)	(3)	(4)
	Pledge	Pledge	Pledge	Pledge
Car1	0. 0507 * (1. 87)		0. 1[illegible]5 *** (3. 44)	
Car2		0. 00809 ** (2. 38)		0. 0159 *** (3. 70)
Car1_soe			-0. 226 *** (-3. 52)	

续表

变量	(1)	(2)	(3)	(4)
	Pledge	Pledge	Pledge	Pledge
Car2_soe				-0.0230^{***} (-3.08)
Soe	-1.601^{***} (-18.99)	-1.601^{***} (-19.00)	-1.586^{***} (-18.82)	-1.601^{***} (-18.99)
Size	-0.0776^{**} (-2.29)	-0.0774^{**} (-2.29)	-0.0781^{**} (-2.30)	-0.0787^{**} (-2.32)
Leverage	1.848^{***} (10.22)	1.845^{***} (10.22)	1.851^{***} (10.24)	1.847^{***} (10.22)
Roe	-0.550^{***} (-3.35)	-0.557^{***} (-3.40)	-0.548^{***} (-3.35)	-0.554^{***} (-3.39)
Block	0.518^{**} (2.31)	0.521^{**} (2.32)	0.518^{**} (2.31)	0.522^{**} (2.33)
Cons	1.909^{***} (2.58)	1.910^{***} (2.59)	1.907^{***} (2.58)	1.934^{***} (2.62)
Year	Yes	Yes	Yes	Yes
Industry	Yes	Yes	Yes	Yes
N	21580	21580	21580	21580
pseudo R-sq	0.136	0.136	0.136	0.136

注：括号内为 t 值；$* p<0.1$，$** p<0.05$，$*** p<0.01$。

2. 市值管理对控股股东利益侵占行为的治理效应

为了检验市值管理的治理作用，我们对式（5－2）进行了回归分析。由于控制变量中加入了上年度资金占用变量，样本数减少为 19935。表 5－5 列示了市值管理的治理作用的检验结果。根据第（1）、第（2）列的结果，我们发现，控股股东市值管理动机能够有效制约其股权质押的侵占效应，回归系数分别在 10%、5% 水平上显著，结果与预期一致。第（3）、第（4）列加入了市值管理与控股股东股权质押融资的交互项，结果显示，当控股股东通过股权质押实现了外部融资时，市值管理对其利益侵占行为的治理效应更强，回归系数在 1%、5% 水平上显著，假设 H5－2 也得到了实证研究的支持。控制变量的结果显示，负债融资与控股股东持股比例与利益侵占负相关，利益侵占行为呈现高度的连续性。

表 5-5　　市值管理与控股股东利益侵占行为

变量	(1)	(2)	(3)	(4)	(5)	(6)
	Tunnel	Tunnel	Tunnel	Tunnel	Tunnel	Tunnel
Car1	-0.000949* (-1.89)		0.000453 (1.02)		-0.000350 (-0.64)	
Car2		-0.000110** (-2.19)		2.17e-05 (0.51)		-3.93e-05 (-0.65)
Pledge			0.000259 (0.57)	9.34e-05 (0.20)		
Car1_pledge			-0.00248*** (-2.61)			
Car2_pledge				-0.000217** (-2.22)		
Bear					0.00514*** (3.73)	0.00515*** (3.75)
Car1_bear					-0.00314*** (-2.58)	
Car2_bear						-0.000265** (-2.38)
Soe	-0.00325*** (-5.84)	-0.00323*** (-5.81)	-0.00262*** (-5.05)	-0.00262*** (-5.04)	-0.00286*** (-5.53)	-0.00284*** (-5.47)
Size	0.00240*** (7.85)	0.00240*** (7.83)	0.00186*** (7.28)	0.00185*** (7.24)	0.00201*** (7.08)	0.00203*** (7.09)
Leverage	-0.0101*** (-6.14)	-0.0102*** (-6.13)	-0.00864*** (-6.25)	-0.00861*** (-6.21)	-0.00935*** (-5.91)	-0.00945*** (-5.95)
Roe	0.0104*** (3.07)	0.0104*** (3.07)	0.00969*** (3.42)	0.00973*** (3.42)	0.00821** (2.41)	0.00810** (2.37)
Block	-0.00744*** (-4.25)	-0.00746*** (-4.26)	-0.00563*** (-3.77)	-0.00563*** (-3.76)	-0.00775*** (-4.79)	-0.00779*** (-4.81)
Bind	0.00160 (0.37)	0.00155 (0.36)	-0.000217 (-0.06)	-0.000173 (-0.05)	0.00167 (0.41)	0.00167 (0.41)
Ltunnel	0.522*** (21.88)	0.522*** (21.88)	0.456*** (22.69)	0.456*** (22.69)	0.665*** (24.47)	0.665*** (24.45)

续表

变量	(1)	(2)	(3)	(4)	(5)	(6)
	Tunnel	Tunnel	Tunnel	Tunnel	Tunnel	Tunnel
Cons	−0.0449*** (−7.27)	−0.0451*** (−7.28)	−0.0334*** (−6.50)	−0.0333*** (−6.47)	−0.0370*** (−6.48)	−0.0375*** (−6.53)
Year	Yes	Yes	Yes	Yes	Yes	Yes
Industry	Yes	Yes	Yes	Yes	Yes	Yes
N	19935	19935	19935	19935	19935	19935
Adj_R	0.315	0.314	0.337	0.337	0.339	0.338

注：括号内为 t 值；* $p<0.1$，** $p<0.05$，*** $p<0.01$。

此外，本书在模型中加入市值管理与市场环境的交互项，以考察市场环境的影响。变量定义为当某一年为熊市时，变量 bear 取值为 1，否则为 0。参照许年行等（2012）的做法，本书以上证综指收益率代表“市场平均收益”，并以“一年期银行定期存款利率”代表无风险收益，将“市场平均收益超过无风险收益”的年份界定为牛市，反之为熊市。在样本期间内，2006 年、2007 年、2009 年、2012 年、2014 年以及 2015 年为牛市，其余年份均为熊市。表 5－5 的第（5）列与第（6）列列示了这一检验的结果，交互项系数为负，且在 1% 水平下显著，表明市值管理对控股股东利益侵占行为的治理作用在熊市环境下更为显著。假设 H5－3 得到支持。从控制变量的结果来看，规模越大、负债越少、业绩越差以及控股股东持股比例越低的东西存在越多的利益侵占行为，与描述性统计的结果一致。上一期的利益侵占行为与本期侵占行为之间存在显著的相关性，表明了不同时期利益侵占行为之间的高度连续性。

第五节　进一步分析

在本章的检验中，我们采用控股股东对上市公司的非经营性资金净占用衡量其利益侵占行为。考虑到控股股东及其控制的其他公司还可以通过经营活动对上市公司进行资金占用，我们以上市公司的应收账款对控股股东期末及其控制的其他公司的应收账款及预付账款之和减去应付账款及预收账款之和作为经营性资金占用的衡量，数据来源于 CSMAR 数据库。结果如表 5－6所示，市值管理与控股股东经营性资金占用不存在显著关系，市值管理与股权质押的交互性也并没有影响控股股东经营性资金占用，市值管理对控股股东行为的影响主要体现在约束其对上市公司的非经营性资金占用上。

表 5－6　　市值管理与控股股东经营性资金占用

变量	(1)	(2)	(3)	(4)
	Jyzy	Jyzy	Jyzy	Jyzy
Car1	0.000110 (0.45)		0.000242 (0.75)	
Car2		2.72e-05 (1.00)		4.28e-05 (1.25)
Pledge			-0.000271 (-1.20)	-0.000302 (-1.35)
Car1_pledge			-0.000438 (-0.82)	
Car2_pledge				-5.30e-05 (-0.94)
Soe	0.000882 *** (2.95)	0.000882 *** (2.95)	0.000793 *** (2.63)	0.000792 *** (2.63)
Size	-0.000570 *** (-4.24)	-0.000565 *** (-4.20)	-0.000574 *** (-4.25)	-0.000568 *** (-4.21)
Leverage	0.00102 (1.45)	0.000991 (1.41)	0.00112 (1.55)	0.00110 (1.52)
Roe	0.00134 (1.16)	0.00129 (1.12)	0.00132 (1.14)	0.00127 (1.10)
Block	0.00124 (1.45)	0.00124 (1.45)	0.00126 (1.47)	0.00126 (1.47)
Bind	0.000281 (0.13)	0.000281 (0.13)	0.000275 (0.13)	0.000280 (0.13)

续表

变量	(1)	(2)	(3)	(4)
	Jyzy	Jyzy	Jyzy	Jyzy
Ljyzy	0.627*** (30.18)	0.627*** (30.18)	0.627*** (30.19)	0.627*** (30.20)
Cons	0.0104*** (3.74)	0.0103*** (3.71)	0.0106*** (3.78)	0.0105*** (3.76)
Year	Yes	Yes	Yes	Yes
Industry	Yes	Yes	Yes	Yes
N	19935	19935	19935	19935
Adj_R	0.425	0.425	0.425	0.425

注：括号内为 t 值；* $p<0.1$，** $p<0.05$，*** $p<0.01$。

第六节　稳健性检验

1. 股票发行市场敏感性

由于 A 股与 B 股和 H 股市场的各方面差异性，本书实证结果可能受到影响。此处剔除同时发行交叉上市的样本，对只发行 A 股的公司进行回归。表 5-7 及表 5-8 列示了剔除交叉上市公司后的结果，主要结果未发生实质性变化。

表 5-7　市值管理与控股股东股权质押融资——股票发行市场敏感性

变量	(1)	(2)	(3)	(4)
	Pledge	Pledge	Pledge	Pledge
Car1	0.0727*** (2.61)		0.132*** (3.84)	
Car2		0.0108*** (3.09)		0.0178*** (4.06)
Car1_soe			-0.215*** (-3.26)	

续表

变量	(1)	(2)	(3)	(4)
	Pledge	Pledge	Pledge	Pledge
Car2_soe				-0.0215*** (-2.77)
Soe	-1.585*** (-18.30)	-1.586*** (-18.31)	-1.571*** (-18.14)	-1.585*** (-18.30)
Size	-0.0131 (-0.35)	-0.0133 (-0.36)	-0.0133 (-0.36)	-0.0143 (-0.38)
Leverage	1.743*** (9.32)	1.740*** (9.31)	1.745*** (9.32)	1.741*** (9.31)
Roe	-0.624*** (-3.57)	-0.633*** (-3.62)	-0.619*** (-3.55)	-0.628*** (-3.60)
Block	0.499** (2.17)	0.503** (2.19)	0.498** (2.16)	0.504** (2.19)
Cons	0.555 (0.69)	0.565 (0.71)	0.549 (0.69)	0.583 (0.73)
Year	Yes	Yes	Yes	Yes
Industry	Yes	Yes	Yes	Yes
N	20045	20045	20045	20045
Pseudo R^2	0.131	0.132	0.132	0.132

注：括号内为 t 值；* p<0.1，** p<0.05，*** p<0.01。

表 5-8　市值管理与控股股东利益侵占行为——股票发行市场敏感性

变量	(1)	(2)	(3)	(4)
	Tunnel	Tunnel	Tunnel	Tunnel
Car1	-0.00109** (-2.35)		9.45e-05 (0.25)	
Car2		-0.000132*** (-2.70)		-1.16e-05 (-0.29)
Pledge			-0.000324 (-0.80)	-0.000448 (-1.08)

续表

变量	(1)	(2)	(3)	(4)
	Tunnel	Tunnel	Tunnel	Tunnel
Car1_pledge			−0.00184** (−2.08)	
Car2_pledge				−0.000167* (−1.77)
Soe	−0.00279*** (−5.34)	−0.00277*** (−5.30)	−0.00228*** (−5.00)	−0.00228*** (−4.99)
Size	0.00173*** (5.53)	0.00174*** (5.54)	0.00125*** (5.00)	0.00125*** (4.98)
Leverage	−0.00858*** (−5.56)	−0.00859*** (−5.54)	−0.00695*** (−5.67)	−0.00693*** (−5.64)
Roe	0.0106*** (3.01)	0.0106*** (3.01)	0.00952*** (3.29)	0.00957*** (3.30)
Block	−0.00635*** (−4.04)	−0.00641*** (−4.07)	−0.00459*** (−3.55)	−0.00460*** (−3.56)
Bind	0.000407 (0.10)	0.000378 (0.09)	−0.00135 (−0.40)	−0.00134 (−0.39)
Ltunnel	0.664*** (22.77)	0.664*** (22.78)	0.584*** (24.40)	0.584*** (24.40)
Cons	−0.0313*** (−4.93)	−0.0318*** (−4.98)	−0.0210*** (−4.13)	−0.0211*** (−4.13)
Year	Yes	Yes	Yes	Yes
Industry	Yes	Yes	Yes	Yes
N	19941	19941	19941	19941
Adj_R	0.333	0.333	0.364	0.364

注：括号内为 t 值；* $p<0.1$，** $p<0.05$，*** $p<0.01$。

2. 控制控股股东股权质押持续性的影响

当控股股东连续质押股权以获得贷款时，债权人可以对质押品价值及控股股东行为进行持续性的甄别与监督。为了更好地识别是否存在连续质押对市值管理治理效应的影响，我们将控股股东期末股权质押余额大于 0 的情况仅出现了一次的样本剔除，对文中的主要结果进行重新检验。结果如表5-9及表5-10所示，绝大部分结果的显著性不受影响。

表5-9　市值管理与控股股东股权质押融资——连续质押敏感性

变量	(1)	(2)	(3)	(4)
	Pledge	Pledge	Pledge	Pledge
Car1	0.0412 (1.46)		0.102*** (2.89)	
Car2		0.00754** (2.13)		0.0148*** (3.30)
Car1_soe			-0.203*** (-3.09)	
Car2_soe				-0.0210*** (-2.73)
Sce	-1.638*** (-18.78)	-1.638*** (-18.79)	-1.625*** (-18.63)	-1.638*** (-18.78)
Size	-0.0726** (-2.05)	-0.0721** (-2.03)	-0.0730** (-2.06)	-0.0733** (-2.07)
Leverage	1.835*** (9.72)	1.831*** (9.71)	1.838*** (9.73)	1.833*** (9.72)
Roe	-0.500*** (-2.95)	-0.508*** (-3.00)	-0.498*** (-2.94)	-0.505*** (-2.99)
Block	0.462* (1.96)	0.464** (1.97)	0.463* (1.96)	0.466** (1.97)
Cons	1.712** (2.23)	1.704** (2.22)	1.710** (2.22)	1.725** (2.25)
Year	Yes	Yes	Yes	Yes
Industry	Yes	Yes	Yes	Yes
N	19913	19913	19913	19913
Pseudo R^2	0.140	0.140	0.141	0.141

注：括号内为t值；* $p<0.1$，** $p<0.05$，*** $p<0.01$。

表 5-10　　市值管理与控股股东利益侵占行为——连续质押敏感性

变量	(1)	(2)	(3)	(4)
	Tunnel	Tunnel	Tunnel	Tunnel
Car1	-0.00114** (-2.38)		0.000143 (0.34)	
Car2		-0.000140*** (-2.79)		-1.33e-05 (-0.31)
Pledge			-0.000348 (-0.85)	-0.000481 (-1.15)
Car1_pledge			-0.00197** (-2.18)	
Car2_pledge				-0.000177* (-1.85)
Soe	-0.00316*** (-6.09)	-0.00315*** (-6.06)	-0.00265*** (-5.77)	-0.00264*** (-5.75)
Size	0.00188*** (6.73)	0.00188*** (6.72)	0.00141*** (6.28)	0.00141*** (6.25)
Leverage	-0.00895*** (-5.74)	-0.00897*** (-5.73)	-0.00724*** (-5.77)	-0.00721*** (-5.73)
Roe	0.00866** (2.54)	0.00872** (2.55)	0.00864*** (3.01)	0.00870*** (3.03)
Block	-0.00676*** (-4.23)	-0.00680*** (-4.25)	-0.00512*** (-3.86)	-0.00513*** (-3.86)
Bind	0.00182 (0.46)	0.00177 (0.44)	0.000350 (0.11)	0.000363 (0.11)
Ltunnel	0.664*** (23.77)	0.664*** (23.77)	0.587*** (25.51)	0.587*** (25.52)
Cons	-0.0338*** (-6.07)	-0.0339*** (-6.07)	-0.0251*** (-5.53)	-0.0251*** (-5.51)
Year	Yes	Yes	Yes	Yes
Industry	Yes	Yes	Yes	Yes
N	19810	19810	19810	19810
Adj_R	0.340	0.339	0.372	0.372

注：括号内为 t 值；* $p<0.1$，** $p<0.05$，*** $p<0.01$。

3. 控制最终控制人两权分离度的影响

已有文献认为，影响控股股东行为的股权结构因素可能需要追溯到最终控制人持股的两权分离度，而非仅仅考察控股股东持股比例。因此，笔者将模型中的控股股东持股比例替换为最终控制人两权分离度（Se），以检验这一控制变量对结果的影响。结果如表 5－11 及表 5－12 所示，主要变量的显著性不受影响。

表 5－11　　市值管理与控股股东股权质押融资——控制两权分离度

变量	(1)	(2)	(3)	(4)
	Pledge	Pledge	Pledge	Pledge
Car1	0.0601 ** (2.15)		0.134 *** (3.90)	
Car2		0.00885 ** (2.51)		0.0177 *** (4.03)
Car1_soe			-0.263 *** (-3.93)	
Car2_soe				-0.0266 *** (-3.43)
Soe	-1.548 *** (-18.35)	-1.549 *** (-18.36)	-1.532 *** (-18.14)	-1.549 *** (-18.35)
Size	-0.0632 * (-1.89)	-0.0631 * (-1.89)	-0.0638 * (-1.91)	-0.0647 * (-1.93)
Leverage	1.846 *** (10.24)	1.844 *** (10.23)	1.851 *** (10.26)	1.847 *** (10.25)
Roe	-0.520 *** (-3.09)	-0.526 *** (-3.13)	-0.518 *** (-3.08)	-0.522 *** (-3.11)
Se	0.590 (1.46)	0.588 (1.46)	0.584 (1.45)	0.583 (1.44)
Cons	1.682 ** (2.26)	1.686 ** (2.27)	1.682 ** (2.26)	1.717 ** (2.31)
Year	Yes	Yes	Yes	Yes
Industry	Yes	Yes	Yes	Yes
N	20564	20564	20564	20564
Pseudo R^2	0.135	0.135	0.135	0.135

注：括号内为 t 值；* $p<0.1$，** $p<0.05$，*** $p<0.01$。

表 5-12　市值管理与控股股东利益侵占行为——控制两权分离度

变量	(1)	(2)	(3)	(4)
	Tunnel	Tunnel	Tunnel	Tunnel
Car1	-0.00107** (-2.32)		0.000154 (0.39)	
Car2		-0.000134*** (-2.79)		-1.09e-05 (-0.27)
Pledge			-0.000359 (-0.89)	-0.000489 (-1.20)
Car1_pledge			-0.00189** (-2.10)	
Car2_pledge				-0.000165* (-1.74)
Soe	-0.00332*** (-6.42)	-0.00331*** (-6.38)	-0.00274*** (-6.08)	-0.00273*** (-6.07)
Size	0.00173*** (6.35)	0.00173*** (6.35)	0.00129*** (5.89)	0.00129*** (5.87)
Leverage	-0.00849*** (-5.60)	-0.00850*** (-5.58)	-0.00674*** (-5.53)	-0.00671*** (-5.50)
Roe	0.00797** (2.34)	0.00802** (2.35)	0.00715*** (2.59)	0.00720*** (2.60)
Block	-0.00230 (-0.95)	-0.00226 (-0.93)	-0.00194 (-1.01)	-0.00192 (-1.00)
Bind	0.000520 (0.13)	0.000470 (0.12)	-0.000722 (-0.22)	-0.000695 (-0.22)
Ltunnel	0.661*** (23.26)	0.661*** (23.26)	0.584*** (25.09)	0.584*** (25.09)
Cons	-0.0334*** (-6.08)	-0.0293*** (-5.54)	-0.0234*** (-5.33)	-0.0234*** (-5.32)
Year	Yes	Yes	Yes	Yes
Industry	Yes	Yes	Yes	Yes
N	20454	20454	20454	20454
Adj_R	0.331	0.331	0.366	0.366

注：括号内为 t 值；* $p<0.1$，** $p<0.05$，*** $p<0.01$。

第七节　主要结论与讨论

本章探讨市值管理对于控股股东获利方式及利益侵占行为的影响。通过对我国沪深市场2005～2016年的样本数据进行分析，本章得到以下结论：市值管理有助于控股股东的股权质押融资，这一关系在民营企业中更为显著。市值管理拓宽了控股股东的融资渠道，促使他们减少对上市公司的利益侵占行为，表明市值管理在某种程度上存在治理效应。市场环境会影响市值管理与控股股东利益侵占行为之间的关系，上述关系在熊市环境下更为显著。进一步分析发现，市值管理对控股股东利益侵占行为的约束效应主要体现在降低了其对上市公司的非经营性资金占用，市值管理对控股股东的经营性资金占用行为没有显著影响。

本章的讨论填补了国内有关市值管理的公司治理效应的空白，为股改后关于市值管理的各种讨论提供了经验证据，证明了市值管理对上市公司控股股东的重要性及其治理效应。本章还丰富和深化了公司治理文献中关于控股股东行为的研究，也在某种程度上拓展了股权分置改革的研究。

在这里，必须强调的是，本章仅仅是基于股权质押的角度研究了市值管理对控股股东的融资和侵占行为的影响。事实上，市值管理对企业及其重要利益相关的治理、行为以及其经济后果的影响是复杂的、多方面的。市值管理在为公司、控股股东提供正向行为激励（减少掏空行为）及各种好处（获取股权质押融资等）的同时，也可能诱使控股股东为抬高公司股价而从事各种自利的机会主义行为（如盈余操纵和内幕交易等），最终损坏企业长远利益。因此，需要我们对市值管理进行系统的、全方面的研究，才能完整、深入地回答在我国资本市场环境下市值管理对控股股东的真正意义。

第六章
市值管理与高管激励效率*

第一节　研究问题的提出

随着现代社会分工的日趋精细，投资者开始寻求聘请有能力的管理者，以对其投资设立的公司进行经营管理。投资人与管理者签订契约，投资人委托管理者对其投资设立的企业进行经营管理，并将部分的决策权授予管理层（Coase，1937）。当资金所有者与人力资本所有者签订契约，聘请后者帮助其经营投资的项目时，委托代理关系便产生了。从本质上看，委托代理关系是一种契约，在这种契约下，一方（委托人）聘请另一方（代理人）代表他们来执行某些工作，包括把部分的决策授权给代理人。但是，作为理性经济人，高管的决策行为往往以个人效用最大化为目的，他们可能在牺牲股东利益最大化的情况下追逐个人私利（Jensen and meckling，1976）。如果股东拥有经理努力程度的完全信息，他们就可以根据努力程度制定薪酬契约，但信息不对称导致基于努力程度的契约不可行，设计与业绩挂钩的薪酬契约便成为次优的选择。因此，探讨高管薪酬契约的效率及其影响因素，便成了学术界持

---

*本章研究的部分内容于2019年3月发表在《财会月刊》“市值管理与高管薪酬契约效率”（李旎、郑国坚和于贝贝，2019）

续关注的话题。

在两权分离的现代公司中，高管薪酬契约设计的主要理论包括最优契约理论和管理层权力理论。最优契约理论认为，在董事会监督有效、市场有效约束以及股东可以行使权力的前提下，董事会可以通过设计与业绩挂钩的薪酬方案激励管理者勤勉工作（Jensen and meckling，1976）。市场业绩及会计业绩均是被广泛用于高管薪酬契约中的绩效评价指标。已有研究表明，上市公司市值变化与高管个人财富密切相关（Jensen and Murphy，1990）。然而，由于所有权与控制权的分离以及高管本身权力的存在，经理人能够影响董事会在制定薪酬契约方面的决策，薪酬契约不但没有解决代理问题，反而成为代理问题的一部分。经理人利用手中的权力和影响进行寻租活动，谋求超过公平谈判所得的收入的行为，称为经理人超额薪酬（郑志刚，2012）。

围绕高管薪酬与业绩的敏感度及敏感度的影响因素，国内学术界对于上市公司高管薪酬进行了大量的讨论。早期的薪酬研究主要关注高管薪酬与公司业绩的相关度，随着薪酬制度改革的不断深入，我国上市公司已逐步建立了与业绩挂钩的高管薪酬制度（方军雄，2009）。此外，一系列文献还探讨了何种治理机制可以约束管理层权力并提高薪酬契约的有效性。根据现有研究，诸如董事会特征、股权机构、产权性质等内部治理机制（Core et al.，1999；Ang et al.，2002；Cyert et al.，2002；Hartzell and Starks，2003；Firth et al.，2007；吕长江等，2008；吴育辉等，2010），以及地区市场化程度、行业竞争度、媒体监督、审计师等外部治理机制均在一定程度上有助于增强薪酬契约的有效性（刘凤委等，2007；辛清泉等，2009；杨德明等，2012；杨德明等，2013）。但已有研究对于市值管理与高管薪酬契约中会计信息的使用的关系鲜有涉及。从理论上分析，市值管理可能促使大股东更加关注公司价值，增强大股东对高管的监督，强化内部治理机制对高管权力的制约。市值管理还要求公司加强与资本市场各方的互动，吸引更多的机构投资者持股、更多的分析师与媒体等外部信息中介关注。上述这些内外部治理机制力量的增强，是否会影响上市公司高管薪酬与公司业绩的关联性，提高高管激励契约的有效性呢？此外，股权分置改革之后，股权激励在我国资本市场上逐渐增多。根据已有研究，上市公司市值管理将直接影响高管股权激励的授予成本及激励效果。因此，本书还检验了市值管理对于高管权益薪酬契约的制定与实施的影响。

为此，本章重点考察以下问题：市值管理能否影响高管激励契约的效率？具体而言，市值管理是否影响高管的薪酬水平及有效性？此外，市值管理是否影响公司权益薪酬契约的制定与施行？

本章后续安排如下：第二节是文献回顾与研究假设；第三节介绍研究设计；第四节报告和分析了本章的主要实证结果；第五节是稳健性检验；第六节是本章的研究结论。

第二节　文献回顾与研究假设

一、市值管理与高管薪酬的有效性

薪酬契约是一种被广泛采用的针对委托代理问题的激励机制，信息不对称导致基于努力程度的契约不可行，将薪酬与业绩挂钩的业绩型薪酬成为次优的选择。会计业绩是被广泛用于高管薪酬契约中的绩效评价指标，已有研究围绕我国上市公司高管薪酬与会计业绩之间的正向关系已经形成一定的共识，现行研究的关注重点已逐步转移至影响这种敏感度的因素。

根据已有研究，本书认为，市值管理可能通过以下途径影响高管薪酬与会计业绩敏感性。首先，市值管理可能增强大股东对高管的监督，强化内部治理机制对高管权力的制约。股权分置改革之后，大股东所持股份逐步实现上市流通，股价与公司市值逐渐成为大股东所持股份价值的衡量标杆。当上市公司股票价格持续稳步上升时，大股东获取利益的途径及时机增多。较高的股价有助于大股东通过股权质押获取外部融资，也有利于股东在更理想的价位通过减持股票获取资本利得。会计业绩作为影响公司股价的基本面信息，大股东为实现自身财富最大化，有强烈动机提升公司业绩。我国上市公司控股股东普遍对公司拥有控制权，借此控制权，他们有能力影响包括高管薪酬契约在内的公司各类政策，以谋求自身利益最大化。因此，当他们更重视市值管理时，会计业绩可能会在高管薪酬契约的制定中扮演更为重要的角色，以激励高管进一步提升公司业绩。其次，会计信息作为高管绩效评价指标，其在高管薪酬契约中的重要性与其信息质量成正比。出于个人财富及职位安全等考虑，高管存在通过盈余管理提升会计业绩的动机。但机会主义行为所带来的利益都是暂时的、终会被识破的（Aboody and Kasznik，2000）。例如，盈余质量的下滑会增加财务报告重述的概率，这种重述可能是由公司自愿发布或在审计师、监管当局的督促下做出。财务重述可能导致公司市值大幅度下滑（Palmrose et al.，2004）。由此，持续上升的市值可能代表了资本市场对公司盈利能力及盈余信息质量的肯定，从而增强了会计盈余在高管薪酬契约中的作用。最后，市值管理可能增强外部监督机制对高管行为的约束。市值管理要求公司加强与资本市场各方的互动，吸引更多的机构投资者持股、更多的分析师与媒体等外部信息中介的关注。机构投资者具有资金与专业知识优势，可以限制管理层滥用权力，促进被投资企业建立更加合理的激励机制（王会娟等，2012）。分析师发布的信息在约束管理层的行为方面发挥着重要作用（McInnis and Collins，2011），企业还会针对媒体的批评报道对高管薪酬进行修正（李培功等，2013）。由此可见，市值管理可以通过促进公司与资本市场各方的互动，增强外部治理机制对管理层行为的约束，提升高管薪酬契约的会计业绩敏感度。

基于以上分析，本章提出第一个研究假设。

假设 H6 - 1：市值管理能够增强高管薪酬与会计业绩之间的敏感度。

二、市值管理与高管薪酬的有效性——基于产权性质的分析

我国国有企业与民营企业的薪酬体系和市值管理行为均可能存在显著差异，这些差异可能影响市值管理对高管薪酬有效性的作用。一方面，国企高管薪酬契约的订立并非完全由市场决定。国企高管薪酬存在严格的管制，2009 年印发的《关于进一步规范中央企业负责人薪酬管理的指导意见》对央企负责人薪酬管制做出了明确规定，2013 年的《关于深化收入分配制度改革若干意见》进一步对此做出了明确要求。此外，国企高管主要由政府任命并

晋升是他们在薪酬之外的另外一个重要激励（梁上坤等，2013）。另一方面，国有企业在股东减持、公司投融资与高管股权激励等市值管理行为的实施上受到较为严格的管制，导致国有企业在市值管理的重视程度与开展上可能均弱于民营企业，进而削弱市值管理对高管薪酬契约效率的影响。

基于以上分析，本章提出第二个研究假设。

假设 H6 -2：在其他条件保持不变时，市值管理增加高管薪酬与会计业绩敏感度的情况，在民营上市公司中表现更为明显。

三、市值管理与高管薪酬的有效性——基于产品市场竞争的分析

产品市场竞争是现有研究公认的一个重要的公司治理机制，但已有研究在产品市场竞争与其他在影响管理层激励的治理机制的关系上并没有得到一致的结论。本书认为，在我国的制度环境下，产品市场竞争与管理层激励之间更有可能表现为互补的关系。首先，产品市场竞争与经理人激励之间的替代关系，是通过高管职位安全及其在经理人市场上的声誉机制来实现的。但我国的职业经理人市场还非常不成熟，限制了产品市场竞争的治理效应的发挥，削弱了其与其他公司治理机制之间的替代关系（林乐等，2013）。其次，我国作为新兴的转轨市场，宏观政策及消费者需求等各种经营环境要素存在较高的不确定性。在这样的环境下，经营者的专业技能对于企业的发展的重要性不言而喻，尤其是在政府干预较轻的竞争性行业中，为管理层提供充分的激励是保障企业发展壮大的必然要求，进而更有利于发挥市值管理对薪酬契约效率的影响。最后，由于激烈的产品市场竞争会削弱企业的市场势力与超额利润，导致企业业绩波动性增大，并加大企业陷入财务困境的概率（Peress，2010）。为了保证企业的生存发展，产品市场竞争度较高的上市公司可能更为注重市值管理，以图通过更为稳定的市值表现增加获取各类生存发展资源的概率，进而为市值管理发挥在管理层薪酬契约中的作用创造条件。

综上所述，本章提出第三个研究假设。

假设 H6 -3：在其他条件保持不变时，市值管理增加高管薪酬与会计业绩敏感度的情况，在产品市场竞争度较高的上市公司中表现更为明显。

第三节　研究设计

一、样本选择与数据来源

2005 年 4 月，股权分置改革以分批试点的方式开启，控股股东所持股份逐步上市流通，上市公司及其内部人的市值管理动机逐渐增强。因此，本书以 2006 ~ 2016 年的沪深 A 股上市公司为研究样本，高管薪酬、公司股票收益率、财务数据和产权性质数据均来自 CSMAR 数据库。在剔除金融业公司、ST 公司与数据不全的公司后，本章得到 18264 个样本。

二、变量定义

1. 高管薪酬

高管薪酬主要包括货币薪酬和股权激励两部分，但我国股权激励计划实施较晚，持股比例低、零持股的现象较为普遍（魏刚，2000），且根据公开数据很难识别哪些股票是自购哪些是奖励的，因此，我们借鉴现有文献的做法，主要考虑高管货币薪酬，并选择上市公司年报中披露的薪酬最高的前三位高管作为高管（辛清泉等，2007；王会娟、张然，2012），取其平均薪酬的自然对数作为高管薪酬的衡量指标。在稳健性检验部分，本章选取薪酬最高的前三位董事作为高管进行了研究。

2. 市值管理

市值管理是一项复杂的系统工程，涉及公司及股东多方面的运作，难以用某个具体的行为指标进行衡量，其最终目的是实现公司市值的持续提升与股东所持股权资产效用最优化。因此，本书采用股票回报率作为市值管理的衡量指标，公司内部人越重视市值管理，公司股价更可能实现持续稳步上升。区别于托宾 Q 和市净率等时点指标，股票回报率计算周期更长，更能体现公司价值的持续提升。本书首先采用经市场调整的股票回报率 Car1，计算公式为：

$$\prod_{1}^{12}(1+R_{it})-\prod_{1}^{12}(1+M_{it}) \tag{6-1}$$

其中，R 为流通市值加权平均法计算的考虑现金红利再投资的月个股回报率；M 为月度市场回报率。由于市值管理绩效与薪酬业绩敏感度之间可能存在内生性，个股回报率计算期间从上年 4 月末至本年 4 月末，以降低潜在的内生性问题对回归结果造成的影响。考虑到有效的市值管理应当降低公司估值偏误，促进股价持续平稳增长，模型中再加入经计算期间 12 个月内经市场调整的月度收益率的标准差进行标准化后的股票回报率 Car2，股票回报率越高，回报率波动越小，则 Car2 越高，Car2 的计算方法如下：

$$Car2 = Car1/Sd \tag{6-2}$$

其中，Sd 为计算内经市场调整的月度收益率的标准差。

3. 控制变量

借鉴现有文献（Firth et al.，2006；辛清泉等，2007；方军雄，2009；王会娟、张然，2012），我们在模型中控制了独立董事比例、公司规模、资产负债率、销售收入增长、股权结构、产权性质以及公司注册地等变量。目前学术界对衡量产品市场竞争并没有一个统一的指标，部分研究将赫芬达尔指数作为产品市场竞争的替代变量，但是由于本书样本仅包含上市公司，仅采用上市公司的市场集中度来衡量产品市场竞争，会产生较大的偏差（姜付秀等，2008）。因此，本书采用销售毛利率对产品市场竞争进行度量。销售毛利率越小，产品市场竞争程度越大。由于销售毛利率与产品市场竞争之间是负向关系，参考吴国灿（2010）的做法，用销售毛利率的倒数再乘 0.1 来衡量（Compe）表示产品市场竞争程度，取值越大，产品市场竞争越激烈。参照韩立岩和杜春越（2011）的做法，将辽宁、河北、天津、北京、山东、江苏、上海、浙江、福建与广东划为东部地区，其他为中西部地区。为降低极端值的影响，本章采用 winsorize 方法，对所有连续变量数据进行 1% 水平上的缩尾处理。回归模型同时控制异方差和残差时间序列自相关问题。表 6-1 列示了主要变量定义。

三、模型构建

本章建立以下模型，以检验市值管理对高管薪酬契约有效性以及市值管理对各类会计信息在高管薪酬契约中的作用的影响，即：

$$\begin{aligned} Pay_{i,t} = \alpha_0 + \alpha_1 Car_{it-1} + \alpha_2 Roa_{it} + \alpha_3 Car_{it-1} * Roa_{it} \\ + Controlvariables + Year + Industry + \varepsilon \end{aligned} \quad (6-3)$$

表6-1　变量定义

变量	变量定义
因变量	
Pay	薪酬最高的前三位高管薪酬的自然对数
自变量	
Car1	上年度经市场调整的股票回报率
Car2	上年度经市场调整的股票回报率/公司上年度各月份经市场调整的股票回报率的标准差
Roa	净利润/总资产
控制变量	
Size	上年末总资产的自然对数
Leverage	上年末资产负债率
Sg	上年度销售收入增长率
Block	上年末第一大股东持股比例
Mshare	上年末董监高持股比例
Soe	产权性质，国有企业取1，否则取0
East	公司注册地位于东部取1，否则取0
Dual	董事长与总经理是否两职合一，是取1，否则取0
Bsize	董事会总人数
Bind	独立董事人数占董事会总人数的比例

第四节　实证结果及分析

一、描述性统计

表6－2列示了模型中主要变量的描述性统计。此处列示高管薪酬的是薪酬最高的前三位高管的人均薪酬。2005～2016年，我国上市公司的高管年薪均值为528760.8元，高管年薪中值为404000元，但不同公司之间差异很大，标准差达到468760.2，最小值为31033.33元，最大值则达到了3198300元。经市场调整的股票回报率在不同公司之间差异明显，有略微多于1/2的公司的股票回报率高于市场回报率，在考虑股票回报率在一年内的波动之后，样本公司的股价表现差异更为明显，为后面的回归分析提供了良好的基础。公司的总资产收益率均值为0.035，独立董事比例均值为0.368，样本公司资产负债率均值为45.5%，第一大股东持股比例为36.6%。有20.5%的上市公司存在董事长和总经理两职合一的现象，国有上市公司样本约占样本总数的50%，东部上市公司的比重为65%。表6－3列示了连续变量之间的相关系数矩阵，如表中所示，高管薪酬与总资产收益率在1%水平下显著正相关，与以往文献的发现一致。高管薪酬与企业规模及销售收入的增长均显著正相关。大多数变量之间存在显著的相关性，但运用方差膨胀因子的多重共线性诊断表明，平均VIF为2.48，共线性对回归结果的影响较小。

表6－2　描述性统计

变量	样本数	均值	标准误	最小值	中位数	最大值
Pay	18264	528760.8	468760.2	31033.33	404000	3198300
Roa	18264	0.035	0.051	－0.146	0.032	0.156
Car1	18264	0.085	0.518	－0.978	－0.011	2.682
Car2	18264	0.088	4.179	－12.081	－0.112	13.999
Size	18264	21.812	1.226	18.850	21.657	26.488

续表

变量	样本数	均值	标准误	最小值	中位数	最大值
Leverage	18264	0. 455	0. 206	0. 048	0. 464	0. 996
Sg	18264	0. 208	0. 543	-0. 725	0. 123	4. 464
Block	18264	36. 557	15. 267	8. 887	34. 545	75. 194
Mshare	18264	0. 089	0. 179	0	0	0. 685
Soe	18264	0. 494	0. 500	0	0	1
East	18264	0. 650	0. 477	0	1	1
Dual	18264	0. 205	0. 403	0	0	1
Bsize	18264	8. 928	1. 824	3	9	19
Bind	18264	0. 368	0. 054	0. 083	0. 333	0. 800

表 6-3　　相关系数矩阵

变量	Pay	Roa	Car1	Car2	Size	Leverage	Sg	Block	Mshare
Pay	1								
Roa	0. 2224 ***	1							
Car1	0. 0170 **	0. 1392 ***	1						
Car2	0. 0213 ***	0. 1638 ***	0. 8934 ***	1					
Size	0. 4125 ***	0. 0133 *	-0. 0614 ***	-0. 0681 ***	1				
Leverage	0. 0576 ***	-0. 3030 ***	0. 0156 **	0. 0128 *	0. 4249 ***	1			
Sg	0. 0409 ***	0. 1140 ***	0. 0635 ***	0. 0677 ***	0. 0417 ***	0. 0541 ***	1		
Block	-0. 00800	0. 0829 ***	-0. 0149 **	-0. 0164 **	0. 2373 ***	0. 0499 ***	0. 0355 ***	1	
Mshare	-0. 00920	0. 1303 ***	0. 0238 ***	0. 0184 **	-0. 2258 ***	-0. 3478 ***	0. 0258 ***	-0. 1155 ***	1

注：* p<0. 1，** p<0. 05，*** p<0. 01。

二、回归分析

1. 市值管理与高管薪酬

为了检验市值管理对高管薪酬的影响，本书对式（6-3）进行回归分析，表 6-4 列示了相应的检验结果。第（1）、第（2）列的结果显示，良好的会计业绩能够显著增加高管薪酬，回归系数在 1% 水平上显著，结果与以往文献一致。第（3）、第（4）列加入了市值管理与公司会计业绩的交互项，结果显示，上市公司市值管理能够增强高管薪酬与会计业绩之间的敏感性，回归系数在1%水平上显著，假设H6-1得到了实证结果的支持。公司规模越大，高管获得薪酬越高。当总经理与董事长两职合一时，高管能够获得更多薪酬。大股东持股比例越高，高管薪酬越低。地区差异也会显著影响高管薪酬，中西部上市公司高管年薪显著低于东部上市公司高管年薪。上述控制变量的回归结果与以往文献保持一致。

表6-4　　市值管理与高管薪酬

变量	(1)	(2)	(3)	(4)
	Pay	Pay	Pay	Pay
Roa	3.659*** (21.49)	3.650*** (21.44)	3.636*** (21.41)	3.659*** (21.49)
Car1	0.00277 (0.36)		-0.0222** (-2.14)	
Car2		0.000897 (0.97)		-0.00215* (-1.71)
Roa_Car1			0.571*** (3.50)	
Roa_Car2				0.0707*** (3.64)
Size	0.261*** (24.44)	0.261*** (24.45)	0.261*** (24.46)	0.261*** (24.43)
Leverage	-0.190*** (-3.37)	-0.192*** (-3.40)	-0.191*** (-3.38)	-0.191*** (-3.40)
Sg	0.0150* (1.77)	0.0148* (1.75)	0.0145* (1.71)	0.0145* (1.71)
Block	-0.00355*** (-5.08)	-0.00355*** (-5.08)	-0.00355*** (-5.08)	-0.00354*** (-5.07)
Mshare	-0.163*** (-2.74)	-0.163*** (-2.74)	-0.164*** (-2.77)	-0.164*** (-2.76)
Soe	0.00805 (0.30)	0.00801 (0.30)	0.00906 (0.34)	0.00918 (0.34)
East	0.243*** (10.62)	0.243*** (10.61)	0.243*** (10.62)	0.243*** (10.62)

续表

变量	(1)	(2)	(3)	(4)
	Pay	Pay	Pay	Pay
Dual	0. 0762 *** (3. 48)	0. 0761 *** (3. 47)	0. 0762 *** (3. 48)	0. 0761 *** (3. 48)
Bsize	0. 0227 *** (3. 72)	0. 0227 *** (3. 72)	0. 0226 *** (3. 71)	0. 0226 *** (3. 71)
Bind	0. 155 (0. 93)	0. 155 (0. 92)	0. 154 (0. 92)	0. 155 (0. 93)
Cons	6. 070 *** (26. 41)	6. 066 *** (26. 38)	6. 063 *** (26. 40)	6. 062 *** (26. 39)
Year	Yes	Yes	Yes	Yes
Industry	Yes	Yes	Yes	Yes
N	18264	18264	18264	18264
Adj_R	0. 465	0. 465	0. 465	0. 465

注：括号内为 t 值；* p < 0. 1， ** p < 0. 05， *** p < 0. 01。

2. 市值管理与高管薪酬——产权性质分组

表 6 – 5 列示了将式（6 – 3）按照产权性质进行分组检验的结果。前两列列示的是以 Car1 衡量的回归结果，如表中所示，交互项系数在子样本中均为正。民营企业交互项系数的大小是约为国有企业交互项系数的 3. 5 倍，且系数差异检验在 10% 水平下显著，表明市值管理对高管薪酬契约效率的影响在民营企业中显著大于国有企业。第（3）、第（4）列列示的是以 Car2 衡量的回归结果，结果与前两列保持一致。假设 H6 – 2 得到验证。

表 6 – 5　　市值管理、高管薪酬与会计业绩敏感度——产权性质分组

变量	(1)	(2)	(3)	(4)
	Pay	Pay	Pay	Pay
	国企	民企	国企	民企
Roa	3. 986 *** (17. 13)	3. 098 *** (13. 36)	3. 980 *** (17. 01)	3. 156 *** (13. 63)
Car1	– 0. 00184 (– 0. 14)	– 0. 0382 ** (– 2. 54)		

续表

变量	(1)	(2)	(3)	(4)
	Pay	Pay	Pay	Pay
	国企	民企	国企	民企
Roa_Car1	0.264 (1.12)	0.868*** (3.85)		
Car2			0.00100 (0.64)	-0.00528*** (-2.72)
Roa_Car2			0.0273 (1.05)	0.117*** (4.08)
Size	0.231*** (17.87)	0.310*** (18.36)	0.232*** (17.86)	0.309*** (18.34)
Leverage	-0.204*** (-2.78)	-0.214*** (-2.61)	-0.207*** (-2.81)	-0.211*** (-2.58)
Sg	0.0392*** (3.51)	-0.00833 (-0.69)	0.0389*** (3.50)	-0.00813 (-0.68)
Block	-0.00497*** (-5.37)	-0.00139 (-1.41)	-0.00496*** (-5.37)	-0.00139 (-1.42)
Mshare	0.745 (1.20)	-0.107* (-1.73)	0.750 (1.21)	-0.107* (-1.73)
East	0.281*** (9.08)	0.194*** (5.93)	0.281*** (9.08)	0.194*** (5.92)
Dual	0.0519 (1.23)	0.0953*** (3.79)	0.0518 (1.23)	0.0951*** (3.78)
Bsize	0.0219*** (3.09)	0.0326*** (3.17)	0.0220*** (3.09)	0.0327*** (3.18)
Bind	0.244 (1.13)	0.360 (1.41)	0.244 (1.13)	0.365 (1.43)
Cons	6.620*** (23.43)	5.100*** (13.46)	6.614*** (23.39)	4.914*** (13.00)
Year	Yes	Yes	Yes	Yes
Industry	Yes	Yes	Yes	Yes
N	9025	9239	9025	9239
Adj_R	0.536	0.417	0.536	0.417
系数差异 F 检验	P value = 0.0718	P value = 0.0232		

注：括号内为 t 值；* $p<0.1$，** $p<0.05$，*** $p<0.01$。

3. 市值管理与高管薪酬——产品市场竞争度分组

表6－6列示了将式（6－3）按照产品市场竞争度进行分组检验的结果。前两列列示的是以Car1衡量的回归结果，如表中所示，交互项系数在子样本中均为正。在竞争度高分组下，交互项系数的大小是约为竞争度低的企业交互项系数的5倍，且系数差异检验在5%水平下显著，表明市值管理对高管薪酬契约效率的影响在产品市场竞争度较高的情况下更为显著。第（3）、第（4）列列示的是以Car2衡量的回归结果，结果与前两列保持一致。假设H6－3得到验证。

表6－6　市值管理、高管薪酬与会计业绩敏感度——行业竞争度分组

变量	(1)	(2)	(3)	(4)
	Pay	Pay	Pay	Pay
	竞争度低	竞争度高	竞争度低	竞争度高
Roa	3.519*** (16.08)	3.463*** (14.52)	3.525*** (16.09)	3.533*** (14.61)
Car1	－0.0118 (－0.75)	－0.0291** (－2.07)		
Roa_Car1	0.214 (1.01)	1.068*** (3.68)		
Car2			－0.000785 (－0.40)	－0.00341** (－2.07)
Roa_Car2			0.0205 (0.80)	0.148*** (4.27)
Size	0.281*** (19.23)	0.241*** (18.26)	0.281*** (19.22)	0.241*** (18.21)
Leverage	－0.0911 (－1.25)	－0.247*** (－3.18)	－0.0919 (－1.26)	－0.246*** (－3.17)
Sg	－0.00240 (－0.21)	0.0344*** (2.60)	－0.00248 (－0.22)	0.0348*** (2.63)
Block	－0.00351*** (－3.82)	－0.00360*** (－4.02)	－0.00351*** (－3.82)	－0.00359*** (－4.02)
Mshare	－0.166** (－2.33)	－0.157* (－1.69)	－0.166** (－2.33)	－0.157* (－1.69)
Soe	－0.0355 (－1.01)	0.0484 (1.37)	－0.0356 (－1.01)	0.0492 (1.39)

续表

变量	(1)	(2)	(3)	(4)
	Pay	Pay	Pay	Pay
	竞争度低	竞争度高	竞争度低	竞争度高
East	0.259*** (8.56)	0.232*** (7.92)	0.259*** (8.56)	0.232*** (7.93)
Dual	0.0847*** (3.10)	0.0539* (1.78)	0.0846*** (3.10)	0.0534* (1.77)
Bsize	0.0306*** (3.51)	0.0146* (1.94)	0.0307*** (3.51)	0.0147* (1.95)
Bind	0.436* (1.92)	-0.0891 (-0.43)	0.436* (1.92)	-0.0875 (-0.43)
Cons	5.419*** (16.32)	6.634*** (24.69)	5.417*** (16.30)	6.636*** (24.71)
Year	Yes	Yes	Yes	Yes
Industry	Yes	Yes	Yes	Yes
N	8987	9277	8987	9277
Adj_R	0.463	0.466	0.463	0.467
系数差异 F 检验	P value = 0.0203	P value = 0.0036		

注：括号内为 t 值；* $p<0.1$，** $p<0.05$，*** $p<0.01$。

第五节　进一步分析

上市公司股权激励的实施通常包括董事会预案、股东大会审议、监管机构审核、股权激励授予与激励对象行权等环节。上市公司在推出股权激励计划之后，可能出现各类条件变化导致激励计划无法顺利实施的情况。《股权激励有关事项备忘录 3 号》明确规定，上市公司不可随意对权益价格或激励方式等条款进行变更。因此，当股权激励计划由于条件变化无法继续实施时，我国上市公司只能选择终止实施股权激励。笔者对 Wind 数据库中的股权激励数据进行了统计，2005~2016 年，有 245 家上市公司发布了终止实施股权激励公告，占发布实施情况公告公司数量的 19.4%。由此，本书进一步检验市值管理能否帮助公司提高股权激励顺利实施的概率。本书采用虚拟变量（Dshishi）定义公司是否顺利实施股权激励计划，若公司在 2005～2016 年中某一年顺利实施股权激励，变量取 1，否则取 0。控制变量则包括企业规模、资产负债率、会计业绩、激励标的物是否为股票期权、产权性质与股价波动。回归结果如表 6－7 所示，市值管理绩效越好，公司顺利实施股权激励计划的概率越高。从控制变量的结果来看，良好的会计业绩同样有助于股权激励的顺利实施，国有企业与激励标的物为股票期权的公司更容易出现终止实施的情况，与已有研究一致（刘峰、冯星，2014；于永阔、邵立凤，2016）。

表 6－7　　　　市值管理与股权激励实施情况

变量	(1)	(2)
	Dshishi	Dshishi
Car1	0.383* (1.65)	
Car2		0.0695*** (2.75)
Size	0.00278 (0.02)	0.00676 (0.06)
Leverage	1.126 (1.64)	1.087 (1.57)
Roa	4.522** (2.04)	4.419** (1.99)
Option	−1.355*** (−7.52)	−1.369*** (−7.57)
Soe	−0.680** (−2.26)	−0.685** (−2.28)
Sd	−4.288 (−0.89)	−3.532 (−0.75)
cons	1.076 (0.40)	0.955 (0.35)
Year	Yes	Yes
Ind	Yes	Yes
N	1117	1117
Pseudo R^2	0.2012	0.2016

第六节　稳健性检验

1. 市值管理与公司董事薪酬

本章采用薪酬最高的前三位高管的年薪来衡量管理层薪酬，此处参照方军雄（2009）的研究设计，将“薪酬最高的前三位董事的年薪均值”取自然对数之后作为高管薪酬的衡量指标，重新对模型进行回归，表 6－8～表 6－10 列示了检验结果，主要结论基本没有受到影响。

表 6－8　　市值管理与董事薪酬

变量	(1)	(2)	(3)	(4)
	Pay	Pay	Pay	Pay
Roa	3.836 *** (20.69)	3.822 *** (20.63)	3.815 *** (20.65)	3.831 *** (20.64)
Car1	0.00562 (0.64)		−0.0165 (−1.37)	
Car2		0.00148 (1.37)		−0.00148 (−0.98)
Roa_Car1			0.503 *** (2.69)	
Roa_Car2				0.0682 *** (3.00)
Size	0.271 *** (21.93)	0.271 *** (21.97)	0.271 *** (21.95)	0.271 *** (21.95)
Leverage	−0.135 ** (−2.07)	−0.137 ** (−2.11)	−0.135 ** (−2.08)	−0.136 ** (−2.10)
Sg	0.00322 (0.31)	0.00290 (0.28)	0.00270 (0.26)	0.00255 (0.24)
Block	−0.00531 *** (−6.41)	−0.00530 *** (−6.41)	−0.00530 *** (−6.41)	−0.00530 *** (−6.41)
Mshare	0.0703 (1.10)	0.0706 (1.11)	0.0694 (1.09)	0.0695 (1.09)

续表

变量	(1)	(2)	(3)	(4)
	Pay	Pay	Pay	Pay
Soe	−0. 212 *** (−7. 05)	−0. 212 *** (−7. 05)	−0. 211 *** (−7. 02)	−0. 211 *** (−7. 02)
East	0. 238 *** (9. 11)	0. 238 *** (9. 10)	0. 237 *** (9. 11)	0. 237 *** (9. 10)
Dual	0. 0423 * (1. 83)	0. 0423 * (1. 83)	0. 0424 * (1. 84)	0. 0423 * (1. 83)
Bsize	0. 0442 *** (6. 03)	0. 0442 *** (6. 03)	0. 0441 *** (6. 02)	0. 0442 *** (6. 03)
Bind	−0. 327 * (−1. 71)	−0. 327 * (−1. 71)	−0. 327 * (−1. 71)	−0. 326 * (−1. 71)
Cons	6. 967 *** (26. 94)	6. 961 *** (26. 92)	6. 960 *** (26. 94)	6. 957 *** (26. 93)
Year	Yes	Yes	Yes	Yes
Industry	Yes	Yes	Yes	Yes
N	17936	17936	17936	17936
Adj_R	0. 409	0. 409	0. 409	0. 409

注：括号内为 t 值； * p < 0. 1， ** p < 0. 05， *** p < 0. 01。

表 6 −9　　　　市值管理与董事薪酬——产权性质分组

变量	(1)	(2)	(3)	(4)
	Pay	Pay	Pay	Pay
	国企	民企	国企	民企
Roa	4. 433 *** (16. 62)	3. 014 *** (12. 51)	4. 411 *** (16. 37)	3. 071 *** (12. 73)
Car1	0. 000629 (−0. 04)	−0. 0279 * (−1. 70)		
Roa_Car1	−0. 0761 (−0. 26)	0. 972 *** (3. 94)		
Car2			0. 000929 (0. 45)	−0. 00359 * (−1. 70)

续表

变量	(1)	(2)	(3)	(4)
	Pay	Pay	Pay	Pay
	国企	民企	国企	民企
Roa_Car2			-0.000738 (-0.02)	0.129*** (4.07)
Size	0.240*** (14.81)	0.331*** (18.37)	0.240*** (14.83)	0.330*** (18.36)
Leverage	-0.0199 (-0.22)	-0.295*** (-3.37)	-0.0238 (-0.26)	-0.293*** (-3.35)
Sg	0.0140 (0.88)	-0.00933 (-0.69)	0.0134 (0.85)	-0.00926 (-0.69)
Block	-0.00710*** (-5.96)	-0.00237** (-2.24)	-0.00710*** (-5.96)	-0.00236** (-2.24)
Mshare	1.453** (2.19)	0.106 (1.61)	1.454** (2.19)	0.106 (1.62)
East	0.260*** (7.12)	0.203*** (5.74)	0.260*** (7.12)	0.202*** (5.73)
Dual	0.118*** (2.72)	0.0100 (0.37)	0.118*** (2.72)	0.00994 (0.37)
Bsize	0.0420*** (4.61)	0.0580*** (5.17)	0.0420*** (4.61)	0.0581*** (5.17)
Bind	-0.251 (-0.92)	-0.0799 (-0.30)	-0.251 (-0.92)	-0.0760 (-0.28)
Cons	7.587*** (23.04)	5.704*** (13.92)	7.576*** (23.01)	5.557*** (13.65)
Year	Yes	Yes	Yes	Yes
Industry	Yes	Yes	Yes	Yes
N	8773	9163	8773	9163
Adj_R	0.419	0.393	0.419	0.393
系数差异 F 检验	P value = 0.0067	P value = 0.0051		

注：括号内为 t 值；* $p<0.1$，** $p<0.05$，*** $p<0.01$。

表 6－10　市值管理与董事薪酬——竞争度分组

变量	(1)	(2)	(3)	(4)
	Pay	Pay	Pay	Pay
	竞争度低	竞争度高	竞争度低	竞争度高
Roa	3.604 *** (15.24)	3.686 *** (14.08)	3.583 *** (15.20)	3.772 *** (14.12)
Car1	0.000387 (－0.02)	－0.0250 (－1.56)		
Roa_car1	0.0966 (0.39)	1.016 *** (3.05)		
Car2			0.00191 (0.84)	－0.00384 * (－1.96)
Roa_car2			－0.000580 (－0.02)	0.161 *** (3.95)
Size	0.283 *** (17.38)	0.258 *** (16.09)	0.283 *** (17.42)	0.257 *** (16.04)
Leverage	－0.116 (－1.44)	－0.107 (－1.14)	－0.120 (－1.49)	－0.106 (－1.13)
Sg	－0.00685 (－0.52)	0.0129 (0.73)	－0.00726 (－0.55)	0.0134 (0.76)
Block	－0.00578 *** (－5.50)	－0.00467 *** (－4.23)	－0.00578 *** (－5.49)	－0.00467 *** (－4.23)
Mshare	0.0385 (0.51)	0.0976 (0.95)	0.0392 (0.52)	0.0971 (0.95)
Soe	－0.251 *** (－6.60)	－0.174 *** (－4.24)	－0.251 *** (－6.60)	－0.173 *** (－4.22)
East	0.263 *** (8.06)	0.219 *** (6.24)	0.263 *** (8.06)	0.219 *** (6.24)
Dual	0.0202 (0.70)	0.0584 * (1.78)	0.0199 (0.69)	0.0578 * (1.76)
Bsize	0.0484 *** (5.28)	0.0401 *** (3.95)	0.0484 *** (5.29)	0.0401 *** (3.95)
Bind	－0.194 (－0.76)	－0.452 * (－1.79)	－0.194 (－0.76)	－0.451 * (－1.79)

续表

变量	(1)	(2)	(3)	(4)
	Pay	Pay	Pay	Pay
	竞争度低	竞争度高	竞争度低	竞争度高
Cons	6.645 *** (18.36)	7.480 *** (23.13)	6.637 *** (18.34)	7.492 *** (23.18)
Year	Yes	Yes	Yes	Yes
Industry	Yes	Yes	Yes	Yes
N	8852	9084	8852	9084
Adj_R	0.417	0.391	0.417	0.392
系数差异 F 检验	P value = 0.0312	P value = 0.0016		

注：括号内为 t 值；* p<0.1，** p<0.05，*** p<0.01。

2. 剔除 B 股及 H 股样本

由于 A 股与 B 股和 H 股市场的各方面差异性，本章实证结果可能受到影响。此处剔除同时发行 A 股与 B 股或 H 股的样本，对只发行 A 股的公司进行回归，样本量减少至 16942 个。表 6－11～表 6－13 列示了剔除交叉上市公司后的结果，结果保持稳健。

表 6－11　市值管理与高管薪酬（剔除交叉上市样本）

变量	(1)	(2)	(3)	(4)
	Pay	Pay	Pay	Pay
Roa	3.577 *** (20.36)	3.569 *** (20.30)	3.551 *** (20.28)	3.577 *** (20.35)
Car1	0.00502 (0.62)		−0.0229 ** (−2.11)	
Car2		0.00105 (1.08)		−0.00231 * (−1.77)
Roa_car1			0.633 *** (3.76)	
Roa_car2				0.0784 *** (3.93)

续表

变量	(1)	(2)	(3)	(4)
	Pay	Pay	Pay	Pay
Size	0. 258 *** (21. 72)	0. 258 *** (21. 74)	0. 258 *** (21. 76)	0. 258 *** (21. 74)
Leverage	-0. 220 *** (-3. 72)	-0. 221 *** (-3. 74)	-0. 221 *** (-3. 74)	-0. 221 *** (-3. 75)
Sg	0. 0195 ** (2. 25)	0. 0193 ** (2. 23)	0. 0189 ** (2. 19)	0. 0190 ** (2. 20)
Block	-0. 00298 *** (-4. 13)	-0. 00297 *** (-4. 13)	-0. 00297 *** (-4. 12)	-0. 00297 *** (-4. 12)
Mshare	-0. 147 ** (-2. 47)	-0. 147 ** (-2. 47)	-0. 148 ** (-2. 49)	-0. 148 ** (-2. 49)
Soe	0. 00896 (0. 32)	0. 00888 (0. 32)	0. 0101 (0. 37)	0. 0102 (0. 37)
East	0. 236 *** (9. 98)	0. 236 *** (9. 98)	0. 236 *** (9. 99)	0. 236 *** (9. 99)
Dual	0. 0756 *** (3. 37)	0. 0755 *** (3. 37)	0. 0756 *** (3. 38)	0. 0755 *** (3. 37)
Bsize	0. 0230 *** (3. 59)	0. 0230 *** (3. 59)	0. 0230 *** (3. 58)	0. 0230 *** (3. 58)
Bind	0. 203 (1. 15)	0. 203 (1. 15)	0. 201 (1. 14)	0. 202 (1. 15)
Cons	6. 081 *** (23. 80)	6. 078 *** (23. 79)	6. 073 *** (23. 79)	6. 074 *** (23. 80)
Year	Yes	Yes	Yes	Yes
Industry	Yes	Yes	Yes	Yes
N	16942	16942	16942	16942
Adj_R	0. 456	0. 455	0. 456	0. 456

注：括号内为 t 值；* p < 0. 1，** p < 0. 05，*** p < 0. 01。

表 6 – 12　　市值管理与高管薪酬——产权性质分组（剔除交叉上市样本）

变量	(1)	(2)	(3)	(4)
	Pay	Pay	Pay	Pay
	国企	民企	国企	民企
Roa	3.967*** (16.19)	3.043*** (12.97)	3.965*** (16.08)	3.102*** (13.22)
Car1	−0.00323 (−0.22)	−0.0394*** (−2.60)		
Roa_Car1	0.375 (1.47)	0.885*** (3.95)		
Car2			0.000906 (0.54)	−0.00538*** (−2.78)
Roa_Car2			0.0392 (1.42)	0.119*** (4.20)
Size	0.233*** (15.15)	0.292*** (16.79)	0.233*** (15.15)	0.291*** (16.78)
Leverage	−0.255*** (−3.24)	−0.201** (−2.42)	−0.258*** (−3.27)	−0.198** (−2.39)
Sg	0.0389*** (3.35)	0.00155 (0.13)	0.0388*** (3.35)	0.00178 (0.15)
Block	−0.00462*** (−4.80)	−0.000883 (−0.89)	−0.00461*** (−4.79)	−0.000884 (−0.90)
Mshare	0.739 (1.17)	−0.0959 (−1.54)	0.745 (1.18)	−0.0959 (−1.54)
East	0.272*** (8.23)	0.184*** (5.59)	0.272*** (8.23)	0.183*** (5.58)
Dual	0.0597 (1.32)	0.0897*** (3.55)	0.0597 (1.32)	0.0895*** (3.55)
Bsize	0.0239*** (3.06)	0.0287*** (2.80)	0.0240*** (3.06)	0.0288*** (2.80)
Bind	0.313 (1.32)	0.289 (1.12)	0.313 (1.32)	0.293 (1.14)
Cons	6.822*** (20.24)	5.528*** (14.25)	6.819*** (20.23)	5.539*** (14.31)

续表

变量	(1)	(2)	(3)	(4)
	Pay	Pay	Pay	Pay
	国企	民企	国企	民企
Year	Yes	Yes	Yes	Yes
Industry	Yes	Yes	Yes	Yes
N	7963	8979	7963	8979
Adj_R	0. 529	0. 407	0. 529	0. 408
系数差异 F 检验	P value = 0. 1443	P value = 0. 0483		

注：括号内为 t 值；* p < 0. 1，** p < 0. 05，*** p < 0. 01。

表 6 - 13　　市值管理与高管薪酬——竞争度分组（剔除交叉上市样本）

变量	(1)	(2)	(3)	(4)
	Pay	Pay	Pay	Pay
	竞争度低	竞争度高	竞争度低	竞争度高
Roa	3. 405 *** (14. 98)	3. 438 *** (13. 81)	3. 416 *** (15. 02)	3. 511 *** (13. 89)
Car1	-0. 0142 (-0. 87)	-0. 0303 ** (-2. 05)		
Roa_Car1	0. 294 (1. 33)	1. 169 *** (3. 95)		
Car2			-0. 00121 (-0. 60)	-0. 00344 ** (-2. 01)
Roa_Car2			0. 0304 (1. 14)	0. 158 *** (4. 53)
Size	0. 276 *** (17. 10)	0. 240 *** (16. 12)	0. 276 *** (17. 11)	0. 239 *** (16. 07)
Leverage	-0. 121 (-1. 60)	-0. 288 *** (-3. 48)	-0. 121 (-1. 61)	-0. 287 *** (-3. 47)
Sg	0. 00296 (0. 26)	0. 0373 *** (2. 71)	0. 00296 (0. 26)	0. 0380 *** (2. 76)
Block	-0. 00304 *** (-3. 22)	-0. 00295 *** (-3. 18)	-0. 00304 *** (-3. 22)	-0. 00295 *** (-3. 18)

续表

变量	(1)	(2)	(3)	(4)
	Pay	Pay	Pay	Pay
	竞争度低	竞争度高	竞争度低	竞争度高
Mshare	-0.146** (-2.03)	-0.147 (-1.60)	-0.146** (-2.03)	-0.147 (-1.60)
Soe	-0.0274 (-0.76)	0.0370 (1.02)	-0.0275 (-0.76)	0.0377 (1.04)
East	0.256*** (8.35)	0.218*** (7.16)	0.256*** (8.34)	0.218*** (7.16)
Dual	0.0859*** (3.07)	0.0489 (1.60)	0.0858*** (3.06)	0.0483 (1.58)
Bsize	0.0309*** (3.41)	0.0158** (1.97)	0.0310*** (3.41)	0.0159** (1.98)
Bind	0.522** (2.17)	-0.0685 (-0.32)	0.523** (2.18)	-0.0681 (-0.32)
Cons	5.471*** (15.00)	6.626*** (21.88)	5.471*** (15.01)	6.633*** (21.93)
Year	Yes	Yes	Yes	Yes
Industry	Yes	Yes	Yes	Yes
N	8415	8527	8415	8527
Adj_R	0.453	0.460	0.453	0.460
系数差异 F 检验	P value = 0.0206	P value = 0.0040		

注：括号内为 t 值；* $p<0.1$，** $p<0.05$，*** $p<0.01$。

3. 剔除亏损公司

考虑到资本市场监管对公司盈利能力的重视，尤其是对公司是否存在亏损的重视，亏损公司可能会在之后年份对各类经营行为进行调整，以尽量避免亏损的持续出现。此处剔除上年末亏损公司的样本，以考察公司避免亏损的动机是否会对结果产生影响。样本减少至 16693 个，结果如表 6-14 ~ 表 6-16所示，主要结果并未发生显著变化。

表 6-14　市值管理与高管薪酬（剔除亏损公司）

变量	(1)	(2)	(3)	(4)
	Pay	Pay	Pay	Pay
Roa	3.881 *** (20.93)	3.875 *** (20.87)	3.845 *** (20.79)	3.863 *** (20.85)
Car1	0.00331 (0.41)		-0.0170 (-1.42)	
Car2		0.000687 (0.71)		-0.00201 (-1.40)
Roa_Car1			0.431 ** (2.33)	
Roa_Car2				0.0579 *** (2.62)
Size	0.256 *** (22.84)	0.256 *** (22.83)	0.256 *** (22.85)	0.256 *** (22.81)
Leverage	-0.128 ** (-2.13)	-0.129 ** (-2.15)	-0.129 ** (-2.14)	-0.129 ** (-2.14)
Sg	0.00962 (1.08)	0.00952 (1.07)	0.00907 (1.02)	0.00908 (1.02)
Block	-0.00372 *** (-5.19)	-0.00372 *** (-5.19)	-0.00372 *** (-5.19)	-0.00372 *** (-5.18)
Mshare	-0.171 *** (-2.84)	-0.171 *** (-2.84)	-0.171 *** (-2.85)	-0.171 *** (-2.85)
Soe	0.0224 (0.80)	0.0224 (0.80)	0.0230 (0.82)	0.0232 (0.83)
East	0.242 *** (10.32)	0.242 *** (10.32)	0.242 *** (10.32)	0.242 *** (10.33)
Dual	0.0756 *** (3.32)	0.0756 *** (3.32)	0.0756 *** (3.33)	0.0756 *** (3.33)
Bsize	0.0217 *** (3.45)	0.0217 *** (3.45)	0.0216 *** (3.43)	0.0216 *** (3.43)
Bind	0.174 (1.02)	0.174 (1.02)	0.173 (1.01)	0.173 (1.01)
Cons	6.239 *** (25.86)	6.236 *** (25.84)	6.238 *** (25.86)	6.239 *** (25.85)

续表

变量	(1)	(2)	(3)	(4)
	Pay	Pay	Pay	Pay
Year	Yes	Yes	Yes	Yes
Industry	Yes	Yes	Yes	Yes
N	16693	16693	16693	16693
Adj_R	0. 455	0. 455	0. 455	0. 455

注：括号内为 t 值；$*p<0.1$，$**p<0.05$，$***p<0.01$。

表 6－15　　市值管理与高管薪酬——产权性质分组（剔除亏损公司）

变量	(1)	(2)	(3)	(4)
	Pay	Pay	Pay	Pay
	国企	民企	国企	民企
Roa	4. 160 *** (15. 85)	3. 365 *** (13. 47)	4. 152 *** (15. 78)	3. 415 *** (13. 67)
Car1	0. 00463 (0. 29)	-0. 0328 * (-1. 88)		
Roa_Car1	0. 0993 (0. 37)	0. 747 *** (2. 88)		
Car2			0. 00124 (0. 69)	-0. 00522 ** (-2. 34)
Roa_Car2			0. 0108 (0. 36)	0. 109 *** (3. 33)
Size	0. 225 *** (16. 41)	0. 308 *** (17. 42)	0. 225 *** (16. 40)	0. 308 *** (17. 38)
Leverage	-0. 111 (-1. 41)	-0. 201 ** (-2. 29)	-0. 113 (-1. 43)	-0. 198 ** (-2. 25)
Sg	0. 0309 *** (2. 69)	-0. 00986 (-0. 78)	0. 0307 *** (2. 68)	-0. 00970 (-0. 77)
Block	-0. 00507 *** (-5. 27)	-0. 00165 * (-1. 66)	-0. 00507 *** (-5. 27)	-0. 00165 * (-1. 66)
Mshare	0. 724 (1. 06)	-0. 115 * (-1. 85)	0. 726 (1. 07)	-0. 115 * (-1. 86)
East	0. 290 *** (9. 10)	0. 189 *** (5. 63)	0. 290 *** (9. 10)	0. 189 *** (5. 62)

续表

变量	(1)	(2)	(3)	(4)
	Pay	Pay	Pay	Pay
	国企	民企	国企	民企
Dual	0.0431 (0.96)	0.0985*** (3.81)	0.0430 (0.96)	0.0985*** (3.81)
Bsize	0.0211*** (2.85)	0.0320*** (3.00)	0.0211*** (2.85)	0.0320*** (3.01)
Bind	0.256 (1.16)	0.405 (1.53)	0.256 (1.16)	0.409 (1.55)
Cons	6.771*** (22.79)	4.981*** (12.75)	6.766*** (22.75)	4.989*** (12.78)
Year	Yes	Yes	Yes	Yes
Industry	Yes	Yes	Yes	Yes
N	8160	8533	8160	8533
Adj_R	0.526	0.409	0.526	0.409
系数差异 F 检验	P value = 0.0951	P value = 0.0303		

注：括号内为 t 值；* p < 0.1，** p < 0.05，*** p < 0.01。

表 6-16　　市值管理与高管薪酬——竞争度分组（剔除亏损公司）

变量	(1)	(2)	(3)	(4)
	Pay	Pay	Pay	Pay
	竞争度低	竞争度高	竞争度低	竞争度高
Roa	3.620*** (15.00)	3.739*** (14.05)	3.626*** (15.06)	3.798*** (14.10)
Car1	-0.00952 (-0.51)	-0.0231 (-1.46)		
Roa_Car1	0.207 (0.84)	0.758** (2.33)		
Car2			-0.000391 (-0.17)	-0.00364** (-1.97)
Roa_Car2			0.0185 (0.62)	0.121*** (3.09)

续表

变量	(1)	(2)	(3)	(4)
	Pay	Pay	Pay	Pay
	竞争度低	竞争度高	竞争度低	竞争度高
Size	0. 280 *** (17. 96)	0. 233 *** (16. 53)	0. 280 *** (17. 96)	0. 233 *** (16. 47)
Leverage	-0. 0416 (-0. 54)	-0. 182 ** (-2. 12)	-0. 0428 (-0. 55)	-0. 181 ** (-2. 11)
Sg	-0. 00773 (-0. 66)	0. 0293 ** (2. 14)	-0. 00779 (-0. 66)	0. 0296 ** (2. 16)
Block	-0. 00360 *** (-3. 82)	-0. 00384 *** (-4. 17)	-0. 00360 *** (-3. 82)	-0. 00384 *** (-4. 17)
Mshare	-0. 171 ** (-2. 37)	-0. 159 * (-1. 67)	-0. 171 ** (-2. 36)	-0. 159 * (-1. 68)
Soe	-0. 0246 (-0. 67)	0. 0666 * (1. 78)	-0. 0247 (-0. 67)	0. 0674 * (1. 81)
East	0. 261 *** (8. 34)	0. 226 *** (7. 46)	0. 261 *** (8. 34)	0. 226 *** (7. 48)
Dual	0. 0853 *** (3. 04)	0. 0486 (1. 51)	0. 0852 *** (3. 04)	0. 0485 (1. 50)
Bsize	0. 0295 *** (3. 30)	0. 0137 * (1. 74)	0. 0295 *** (3. 30)	0. 0137 * (1. 74)
Bind	0. 485 ** (2. 06)	-0. 0926 (-0. 44)	0. 485 ** (2. 06)	-0. 0924 (-0. 44)
Cons	5. 505 *** (15. 45)	7. 065 *** (24. 77)	5. 503 *** (15. 44)	7. 297 *** (25. 25)
Year	Yes	Yes	Yes	Yes
Industry	Yes	Yes	Yes	Yes
N	8444	8249	8444	8249
Adj_R	0. 451	0. 460	0. 451	0. 461
系数差异 F 检验	P value =0. 1939	P value =0. 0415		

注：括号内为 t 值；* p <0. 1， ** p <0. 05， *** p <0. 01。

第七节　主要结论与讨论

本章以管理层激励的有效性为切入点，探讨市值管理在我国资本市场上是否能够对上市公司高管的切身利益产生影响，从而发挥一定的治理效应。通过对我国沪深市场2005～2016年的数据进行分析，本章得到以下结论：市值管理能够增强高管薪酬与会计业绩之间的敏感性，表明市值管理在某种程度上存在治理效应。进一步分析发现，上述治理效应在民营企业与产品竞争度较高的企业中表现更为显著。本章的研究填补了国内学术界在关于市值管理与第一类代理问题关系方面讨论的空白，证明了市值管理对上市公司管理层的重要性及其治理效应，丰富和深化了公司治理文献中对高管激励的研究，也在某种程度上拓展了股权分置改革的研究。

必须强调的是，本章仅仅是基于高管显性薪酬的角度研究了市值管理对管理层利益的影响。事实上，市值管理对企业及其重要利益相关的治理、行为及其经济后果的影响是复杂的、不可一概而论的。市值管理在为管理层等提供正向行为激励（更高价位减持股票和更高的薪酬等）的同时，也可能诱使管理层单纯为抬高公司股价而从事各种自利的机会主义行为（如盈余操纵和内幕交易等），最终损坏企业长远利益。因此，后续研究应当持续深入探讨市值管理对于高管行为选择的影响，例如，市值管理对于高管激励中显性薪酬与隐性薪酬的选择的影响，方能更全面揭示市值管理对于我国上市公司及其利益相关者的影响。

第七章
主要结论与政策建议

第一节　主要研究结论

本书考察市值管理的治理效应。本书给出了关于市值管理定义的理解，归纳市值管理的各类主要行为，回顾了这些方法在我国资本市场上的发展。本书将我国上市公司市值管理的最重要参与者归纳为控股股东与管理层，探索市值管理对于上市公司融资效率、控股股东利益侵占行为及高管激励效率的影响。上述的研究在理论分析及实证检验两个方面分别发现了以下研究结论。

从理论分析方面，本书进行了以下工作。

（1）以信息不对称及市场有效性理论为基础，本书提出了对于市值管理定义的理解。自股权分置改革以来，实务界与监管当局对市值管理的关注由来已久。2005 年 9 月，证监会发布了《上市公司股权分置改革管理办法》，指出“改革方案应当兼顾全体股东的即期利益和长远利益，有利于公司发展和市场稳定，并可根据公司实际情况，采用控股股东增持股份、上市公司回购股份、预设原非流通股股份实际出售的条件、预设回售价格、认沽权等具有可行性的股价稳定措施”。2014 年 5 月，国务院发布了《关于进一步促进资本市场健康发展的若干意见》，首次明确提出“鼓励上市公司建立市值管理制度”。但现有研究尚未对市值管理的理论基础进行深入剖析，并在此基础上给出市值管理的定义。本书拟填补这一空白，我们认为，市值管理指将企业经营发展与资本市场运作相结合的战略管理模式，即公司建立一种长效组织机制，增强内部人在进行决策时对市值的关注度，通过与资本市场保持准确、及时的信息交互传导，促使股价充分反映内在价值，实现以内在价值为支撑的公司市值与投资者利益最大化。

（2）在剖析市值管理理论并提出定义的基础上，本书总结了市值管理的常见行为，回顾了这些方法在我国资本市场上的发展状况，并介绍了一些市值管理的典型案例。市值管理涉及多种方法，常用方法包括并购、股权激励、股票回购、再融资以及投资者关系管理等，且这些方法之间也可能存在相互影响的关系。本书对上述行为的介绍涉及文献中对这些方法的定义、理论基础以及经济后果的讨论。从这一部分的介绍中，读者可以看到，虽然市值管理是我国资本市场所衍生的特有提法，但在成熟资本市场上，由于股权流动性高、机构投资者力量强大、管理层持股普遍以及做空机制完善等各方面因素的综合作用，市值管理是公司及其管理者的重要工作。股权分置改革将我国上市公司所有股东的利益归于一致，提升了资本市场对于公司市值的关注，相关法律法规及政策的出台则为市值管理在我国的发展提供了更肥沃的现实土壤。为此，本书结合各类市值管理方法在我国的制度变迁，为读者介绍市值管理在我国资本市场的发展情况。

（3）结合上市公司市值的经济意义以及市值管理实践行为的讨论，本书归纳了我国上市公司市值管理的两类最重要参与者，分别是控股股东与管理层，并分析了市值管理对于上市公司及其利益相关者的影响。考虑到管理层是上市公司的日常运营者，本书在分析市值管理对于管理层的影响时，分别从公司层面及高管激励两个层面展开分析。上述分析为后文的实证分析提供了理论基础。

实证检验方面，考虑到市值管理方法的多样性以及以往文献对市值管理的讨论，本书选取股票回报率作为市值管理的衡量指标。以我国沪深 A 股 2005 ~ 2016 年的数据为样本，本书从控股股东、公司以及管理层三个层面检验了市值管理的治理效应。具体而言，现有的研究设计检验了以下两个问题：

①市值管理是否能够通过帮助上市公司控股股东获取股权质押融资来拓宽其获利渠道？如果答案是肯定的，市值管理是否会影响他们的利益侵占行为？市值管理对控股股东的质押融资促进效应是否影响其利益侵占行为？②市值管理是否会影响高管薪酬契约的有效性？具体而言，市值管理是否会影响高管薪酬契约的设计？此外，市值管理是否能够帮助上市公司提高顺利实施股权激励的概率。

针对以上问题，本书研究发现：①市值管理能够帮助上市公司控股股东获取股权质押融资，这一关系在民营企业中更为显著。市值管理拓宽了控股股东的融资渠道，减少了他们对公司的资金占用。进一步的研究发现，市值管理对于控股股东资金占用行为的制约效应，主要体现在降低其非经营性资金占用，市值管理对控股股东的经营性资金占用行为没有显著影响。②市值管理能够提高高管薪酬与会计业绩敏感度，表明市值管理对于第一类代理问题存在治理作用，且这种治理作用在民营企业或者产品市场竞争较为激烈的企业中更为显著。由此可见，市值管理能够在我国资本市场上发挥一定的治理效应，但市值管理的治理效应会随着其他治理机制，例如产品市场竞争度等因素的变化而发生变化。提升公司治理机制效率，是更好地发挥市值管理的治理效应的题中之义。

第二节　政策启示

根据上述研究结论，本书认为，要促进我国上市公司的健康成长，实现资本市场的良序发展，应当重视市值管理的治理效应，充分调动各方参与市值管理的积极性。此外，针对市值管理可能出现的问题，监管层还应加快投资者保护制度的建设并重点做好制度的执行工作。具体的研究启示如下。

首先，重视市值管理的治理效应。本书的结果表明，市值管理事关控股股东及管理层的切身利益，影响企业获取关乎生存的关键资源的能力。因此，监管层应加快与市值管理相关的规章制度的制度建设工作，为各方积极参与市值管理提供制度基础。股权分置改革之后，市值管理逐渐被监管层所重视。

2014 年 5 月，国务院发布《关于进一步促进资本市场健康发展的若干意见》，首次明确提出“鼓励上市公司建立市值管理制度”。除此之外，尚无更详细的专门监管市值管理的顶层制度设计，上市公司市值管理急需更明确的政策规章指引。

其次，加快投资者保护制度的完善并高度重视相关规章制度的执行情况。本书的理论分析与文献回顾表明，从成熟资本市场的经验来看，市值管理虽然可以促使管理层重视公司市值增长，增强其对股东财富的重视度。但由于代理问题的普遍存在以及法律法规的不完善，市值管理可能导致操纵信息披露、内幕交易以及盲目并购等机会主义行为。在我国集中的股权结构下，这些机会主义行为甚至可能表现为控股股东与机构投资者或管理层合谋，掠夺中小股东财富。倘若有规章完善、执行到位的法律法规，上述机会主义行为的法律成本将显著增大，进而减少中小股东财富被肆意掠夺的可能性。

最后，本书为评估股权分置改革的政策效应提供了一定的依据。股权分置改革是我国资本市场的重要制度变迁，也是我国资本市场发展到一定阶段的产物。自从监管层提出股权分置改革设想以来，资本市场上关于股权分置改革的讨论与研究就一直没有停止。本书以全流通背景下的市值管理的治理效应为切入点，为监管层进行股权分置改革的政策评价提供参考。

第三节　研究的局限性与未来的研究方向

一、研究的局限性

本书通过考察市值管理对于我国上市公司控股股东以及管理层的影响来检验市值管理在我国资本市场上的治理效应，这是一种基于作者对于市值管理的理解所进行的阐述，因而可能存在较大的局限性，具体可能表现在以下四个方面。

首先，对于市值管理在我国资本市场上的角色，因时间及篇幅的限制，本书集中考察了市值管理对于我国上市公司及其最重要的两类利益相关者的影响。然而，从文献回顾来看，市值管理也有可能加剧各类损害投资者利益的机会主义行为，尤其是在我国投资者保护法律体系不完善、法律法规执行力度偏弱以及投资者专业程度不高的背景下，市值管理更有可能产生一些负面的影响。因此，本书的研究可能只是揭示了市值管理的治理效应的一部分。

其次，在研究理论上，本书将市值管理的理论基础归纳为信息不对称理论及市场有效性理论，并在此基础上提出了市值管理的定义，归纳了市值管理的常见行为。上述的理论阐述与总结并未与实务界人士进行详细的探讨，因而可能存在一定的不完善之处。

再其次，本书直接考察了市值管理在我国资本市场上的治理效应，而没有探讨上市公司在市值管理过程中产生的众多问题。例如，市值管理所涉及的方法种类繁多，不同特征的上市公司在不同的市值管理行为如何进行选择？随着各项制度的不断发展完善，是否会有其他的资本市场参与者逐渐成为上市公司市值管理的重要参与者？他们的加入又会对现有参与者的行为产生怎样的影响？

最后，在研究方法上，本书在大样本的基础上运用多元回归等统计方法进行分析。由于现实中控股股东行为、企业融资效率以及高管薪酬等可能受到许多因素的影响，模型的构造上可能存在一些不尽完善之处。

二、未来的研究方向

本书的局限之处为未来的研究提供了一定的空间，未来的研究可以考虑从以下三个方面进行拓展。

首先，从研究的切入点来看，后续研究可以关注市值管理过程中所产生的问题。例如，随着市值管理方法的不断增多，企业如何在各类市值管理方法中进行选择？是什么因素影响了他们的选择？不同的市值管理方法对于不同的利益相关者各自会导致怎样的经济后果？

其次，市值管理在我国资本市场上发展的历程还非常短，随着制度环境的不断完善以及各市场主体的成长壮大，市值管理的参与者及方法可能都会产生一些变化。后续的研究可以对此予以密切关注。倘若有新的参与者进入，他们的行为有何特征，会对现有参与者的利益产生怎样的影响？

最后，研究方法的选取上或许还存在改进的空间，本书主要运用多元回归方法进行分析，后续研究可以考虑加入实地调研、案例研究在内的各类方法，争取更深入地揭示我国资本市场市值管理的实践方式与内在规律。

参 考 文 献

[1] 蔡庆丰、宋友勇：《超常规发展的机构投资者能稳定市场吗？——对我国基金业跨越式发展的反思》，载《经济研究》，2010 年第 1 期，第 90 - 101 页。

[2] 陈德球、刘经纬、董志勇：《社会破产成本、企业债务违约与信贷资金配置效率》，载《金融研究》，2013 年第 11 期，第 68 - 81 页。

[3] 陈德球、钱菁、魏屹：《家族所有权监督、董事席位控制与会计稳健性》，载《财经研究》，2013 年第 3 期，第 53 - 63 页。

[4] 陈德球、杨佳欣、董志勇：《家族控制、职业化经营与公司治理效率——来自 CEO 变更的经验证据》，载《南开管理评论》，2013 年第 4 期，第 55 - 67 页。

[5] 陈晓、秦跃红：《“庄家”与信息披露的质量》，载《管理世界》，2003 年第 3 期，第 28 - 33 页。

[6] 杜兴强、王丽华：《高层管理当局薪酬与上市公司业绩的相关性实证研究》，载《会计研究》，2007 年第 1 期，第 58 - 65 页。

[7] 方军雄：《我国上市公司高管的薪酬存在粘性吗?》，载《经济研究》，2009 年第 3 期，第 110 - 124 页。

[8] 高敬忠、周晓苏、王英允：《机构投资者持股对信息披露的治理作用研究——以管理层盈余预告为例》，载《南开管理评论》，2011 年第 5 期，第 129 - 140 页。

[9] 高雷、何少华、黄志忠：《公司治理与掏空》，载《经济学（季刊）》，2006 年第 3 期，第 1157 - 1178 页。

[10] 管征、卞志村、范从来：《增发还是配股？上市公司股权再融资方

式选择研究》，载《管理世界》，2008 年第 1 期，第 136 – 144 页。

［11］韩永斌：《公开市场股票回购研究综述》，载《外国经济与管理》，2005 年第 11 期，第 51 – 60 页。

［12］贺建刚、孙铮、李增泉：《难以抑制的控股股东行为：理论解释与案例分析》，载《会计研究》，2010 年第 3 期，第 20 – 27 页。

［13］洪金明、徐玉德、李亚茹：《信息披露质量、控股股东资金占用与审计师选择——来自深市 A 股上市公司的经验证据》，载《审计研究》，2011 年第 2 期，第 107 – 112 页。

［14］胡金焱、郭峰：《有效市场理论论争与中国资本市场实践——2013 年度诺贝尔经济学奖获奖成就实证检验》，载《经济学动态》，2013 年第 12 期，第 114 – 121 页。

［15］黄虹、李焱：《新兴市场股票回购公告的价值效应研究》，载《财经问题研究》，2014 年第 2 期，第 52 – 59 页。

［16］江伟、沈艺峰：《大股东控制、资产替代与债权人保护》，载《财经研究》，2005 年第 12 期，第 95 – 106 页。

［17］姜付秀、刘志彪：《行业特征、资本结构与产品市场竞争》，载《管理世界》，2005 年第 10 期，第 74 – 81 页。

［18］李广子、刘力：《债务融资成本与民营信贷歧视》，载《金融研究》，2009 年第 12 期，第 137 – 150 页。

［19］李培功、沈艺峰：《经理薪酬、轰动报道与媒体的公司治理作用》，载《管理科学学报》，2013 年第 10 期，第 63 – 80 页。

［20］李曜：《股票期权与限制性股票股权激励方式的比较研究》，载《经济管理》，2008 年第 Z3 期，第 11 – 18 页。

［21］李增泉、孙铮、王志伟：《“掏空”与所有权安排——来自我国上市公司大股东资金占用的经验证据》，载《会计研究》，2004 年第 12 期，第 3 – 13 页。

［22］李增泉、辛显刚、于旭辉：《金融发展、债务融资约束与金字塔结构——来自民营企业集团的证据》，载《管理世界》，2008 年第 1 期，第 123 – 135 页。

[23] 李增泉、余谦、王晓坤：《掏空、支持与并购重组——来自我国上市公司的经验证据》，载《经济研究》，2005 年第 1 期，第 95 – 105 页。

[24] 李志文、宋衍蘅：《影响中国上市公司配股决策的因素分析》，载《经济科学》，2003 年第 3 期，第 59 – 69 页。

[25] 林乐、谢德仁、陈运森：《实际控制人监督、行业竞争与经理人激励——来自私人控股上市公司的经验证据》，载《会计研究》，2013 年第 9 期，第 36 – 43 页。

[26] 刘端、陈收、陈健：《市场时机对资本结构影响的持续度研究》，载《管理学报》，2006 年第 1 期，第 85 – 90 页。

[27] 刘峰、冯星：《上市公司终止实施股权激励的动机研究》，载《厦门大学学报（哲学社会科学版）》，2014 年第 5 期，第 126 – 135 页。

[28] 刘峰、贺建刚、魏明海：《控制权、业绩与利益输送——基于五粮液的案例研究》，载《管理世界》，2004 年第 8 期，第 102 – 110 页。

[29] 刘凤委、孙铮、李增泉：《政府干预、行业竞争与薪酬契约——来自国有上市公司的经验证据》，载《管理世界》，2007 年第 9 期，第 76 – 84 页。

[30] 刘浩、李增泉、孙铮：《控股股东的产权收益实现方式与利益输送转向——兼论中国的股权分置改革》，载《财经研究》，2010 年第 4 期，第 56 – 67 页。

[31] 刘华：《基于投资者关系视角的公司品牌研究，南开大学，2012 年。

[32] 刘建江、刘怀德：《股市对经济增长的贡献：美国案例》，载《世界经济》，2000 年第 6 期，第 22 – 30 页。

[33] 刘澜飚、李贡敏：《市场择时理论的中国适用性——基于 1998 ~ 2003 年上市公司的实证分析》，载《财经研究》，2005 年第 11 期，第 19 – 30 页。

[34] 陆蓉、潘宏：《上市公司为何隐瞒利好的业绩？——基于市值管理的业绩不预告动机研究》，载《上海财经大学学报》，2012 年第 5 期，第 78 – 86 页。

[35] 陆正飞、祝继高、樊铮：《银根紧缩、信贷歧视与民营上市公司投资者利益损失》，载《金融研究》，2009 年第 8 期，第 124－136 页。

[36] 陆正飞、祝继高、岳衡：《公司财务实证研究：重点文献导读》，2011 年。

[37] 吕长江、严明珠、郑慧莲、许静静：《为什么上市公司选择股权激励计划?》，载《会计研究》，2011 年第 1 期，第 68－75 页。

[38] 吕长江、张海平：《股权激励计划对公司投资行为的影响》，载《管理世界》，2011 年第 11 期，第 118－126 页。

[39] 罗尼、亚瑞：《盈余管理：理论、实践与研究的新发展》，2014 年。

[40] 毛新述、叶康涛、张頔：《上市公司权益资本成本的测度与评价——基于我国证券市场的经验检验》，载《会计研究》，2012 年第 11 期，第12－22 页。

[41] 潘建成，等：《企业经营者对宏观形势及企业经营状况的判断、问题和建议——2013 · 中国企业经营者问卷跟踪调查报告》，载《管理世界》，2013 年第 12 期，第 5－21 页。

[42] 上证联合研究计划报告：《投资者关系管理境外最佳实践研究》，2014 年。

[43] 沈可挺、刘煜辉：《中国股市中惯性与反向投资策略的获利模式》，载《管理科学学报》，2006 年第 6 期，第 43－52 页。

[44] 施华强：《中国国有商业银行不良贷款内生性：一个基于双重软预算约束的分析框架》，载《金融研究》，2004 年第 6 期，第 1－16 页。

[45] 苏冬蔚、林大庞：《股权激励、盈余管理与公司治理》，载《经济研究》，2010 年第 11 期，第 88－100 页。

[46] 孙会霞、陈金明、陈运森：《银行信贷配置、信用风险定价与企业融资效率》，载《金融研究》，2013 年第 11 期，第 55－67 页。

[47] 孙亮、柳建华：《银行业改革、市场化与信贷资源的配置》，载《金融研究》，2011 年第 1 期，第 94－109 页。

[48] 孙铮、李增泉、王景斌：《所有权性质、会计信息与债务契约——来自我国上市公司的经验证据》，载《管理世界》，2006 年第 10 期，第 100－

107 页。

[49] 谭劲松、陈颖：《股票回购：公共治理目标下的利益输送——我国证券市场股票回购案例的分析》，载《管理世界》，2007 年第 4 期，第 105 - 117 页。

[50] 谭劲松、刘炳奇、谭燕：《企业合并：政府主导下的多方利益博弈——来自 10 起换股合并案例的检验》，载《管理世界》，2005 年第 2 期，第 118 - 132 页。

[51] 谭燕、吴静：《股权质押具有治理效用吗？——来自中国上市公司的经验证据》，载《会计研究》，2013 年第 2 期，第 45 - 53 页。

[52] 汤谷良、李梦琳：《理性审视央企市值管理》，载《现代国企研究》，2013 年第 6 期，第 44 - 49 页。

[53] 王会娟、张然：《私募股权投资与被投资企业高管薪酬契约——基于公司治理视角的研究》，载《管理世界》，2012 年第 9 期，第 156 - 167 页。

[54] 王明琳、周生春：《控制性家族类型、双重三层委托代理问题与企业价值》，载《管理世界》，2006 年第 8 期，第 83 - 93 页。

[55] 王佩：《市值管理和管理层股权激励相关性研究》，中南大学，2010 年。

[56] 王正位、朱武祥、赵冬青：《发行管制条件下的股权再融资市场时机行为及其对资本结构的影响》，载《南开管理评论》，2007 年第 6 期，第 40 - 46 页。

[57] 魏刚：《高级管理层激励与上市公司经营绩效》，载《经济研究》，2000 年第 3 期，第 32 - 39 页。

[58] 魏星：《中国公司并购中政府干预效应及其职能定位研究》，中国社会科学院研究生院，2014 年。

[59] 翁世淳：《从价值创造到市值管理：价值管理理论变迁研究评述》，载《会计研究》，2010 年第 4 期，第 74 - 81 页。

[60] 吴超鹏、吴世农、程静雅、王璐：《风险投资对上市公司投融资行为影响的实证研究》，载《经济研究》，2012 年第 1 期，第 105 - 119 页。

[61] 吴世农：《我国证券市场效率的分析》，载《经济研究》，1996 年第

4期，第13－19页。

［62］吴育辉、吴世农：《高管薪酬：激励还是自利？——来自中国上市公司的证据》，载《会计研究》，2010年第11期，第40－48页。

［63］肖斌卿、李心丹：《国际投资者关系管理（IRM）的比较与演进》，载《求索》，2007年第1期，第10－13页。

［64］肖淑芳、轩然、张晨宇：《我国上市公司首次披露股权激励计划的市场反应分析》，载《数理统计与管理》，2009年第3期，第531－537页。

［65］谢德仁、陈运森：《业绩型股权激励、行权业绩条件与股东财富增长》，载《金融研究》，2010年第12期，第99－114页。

［66］辛清泉、谭伟强：《市场化改革、企业业绩与国有企业经理薪酬》，载《经济研究》，2009年第11期，第68－81页。

［67］徐刚：《国外上市公司投资者关系管理研究综述》，载《外国经济与管理》，2006年第4期，第21－26页。

［68］徐海燕：《有限责任公司股权质押效力规则的反思与重构》，载《中国法学》，2011年第3期，第163－175页。

［69］徐信忠、郑纯毅：《中国股票市场动量效应成因分析》，载《经济科学》，2006年第1期，第85－99页。

［70］杨德明、王彦超、辛清泉：《投资者关系管理、公司治理与企业业绩》，载《南开管理评论》，2007年第3期，第43－50页。

［71］叶康涛、张然、徐浩萍：《声誉、制度环境与债务融资——基于中国民营上市公司的证据》，载《金融研究》，2010年第8期，第171－183页。

［72］于蔚、汪淼军、金祥荣：《政治关联和融资约束：信息效应与资源效应》，载《经济研究》，2012年第9期，第125－139页。

［73］俞乔：《市场有效、周期异常与股价波动——对上海、深圳股票市场的实证分析》，载《经济研究》，1994年第9期，第43－50页。

［74］袁渊：《大股东减持影响因素的理论和实证分析》，载《中国会计评论》，2010年第4期，第463－484页。

［75］张兵、李晓明：《中国股票市场的渐进有效性研究》，载《经济研究》，2003年第1期，第54－61页。

[76] 张济建、苗晴：《中国上市公司市值管理研究》，载《会计研究》，2010年第4期，第82-88页。

[77] 张治理、肖星：《我国上市公司股权激励计划择时问题研究》，载《管理世界》，2012年第7期，第180-181页。

[78] 赵良玉、李增泉、刘军霞：《管理层偏好、投资评级乐观性与私有信息获取》，载《管理世界》，2013年第4期，第33-45页。

[79] 郑国坚：《市场化改革的微观作用机制：关联交易视角》，载《中国会计评论》，2011年第3期，第337-352页。

[80] 郑国坚、林东杰、张飞达：《大股东财务困境、掏空与公司治理的有效性——来自大股东财务数据的证据》，载《管理世界》，2013年第5期，第157-168页。

[81] 郑志刚：《经理人超额薪酬和公司治理——一个文献综述》，载《金融评论》，2012年第1期，第103-112页。

[82] 朱宝宪、王怡凯：《1998年中国上市公司并购实践的效应分析》，载《经济研究》，2002年第11期，第20-26页。

[83] 朱红军、何贤杰、陈信元：《定向增发"盛宴"背后的利益输送：现象、理论根源与制度成因——基于驰宏锌锗的案例研究》，载《管理世界》，2008年第6期，第136-147页。

[84] 朱晓莉：《我国上市公司股票回购的独特性及发展》，载《商业会计》，2007年第5期，第23-24页。

[85] Aboody, D. and R. Kasznik, "CEO stock option awards and the timing of corporate voluntary disclosures", *Journal of Accounting and Economics*, 2000, 29 (1): 73-100.

[86] Adams, R. B. and D. Ferreira, "A Theory of Friendly Boards", *The Journal of Finance*, 2007, 62 (1): 217-250.

[87] Agrawal, A. and R. A. Walkling, "Executive Careers and Compensation Surrounding Takeover Bids", *The Journal of Finance*, 1994, 49 (3): 985-1014.

[88] Akerlof, G. A., "The Market for" Lemons: "Quality Uncertainty and the Market Mechanism", *The Quarterly Journal of Economics*, 1970, 84 (3):

488 - 500.

[89] Allen, F., J. Qian and M. Qian, "Law, finance, and economic growth in China", *Journal of Financial Economics*, 2005, 77 (1): 57 - 116.

[90] Alti, A., "IPO Market Timing", *The Review of Financial Studies*, 2005, 18 (3): 1105 - 1138.

[91] Bae, K., J. Kang and J. Kim, "Tunneling or Value Added? Evidence from Mergers by Korean Business Groups", *The Journal of Finance*, 2002, 57 (6): 2695 - 2740.

[92] Baek, J., J. Kang and I. Lee, "Business Groups and Tunneling: Evidence from Private Securities Offerings by Korean Chaebols", *The Journal of Finance*, 2006, 61 (5): 2415 - 2449.

[93] Baker, H. K., G. E. Powell and E. T. Veit, "Why companies use open-market repurchases: A managerial perspective", *The Quarterly Review of Economics and Finance*, 2003a, 43 (3): 483 - 504.

[94] Baker, M., J. C. Stein and J. Wurgler, "When Does the Market Matter? Stock Prices and the Investment of Equity-Dependent Firms", *The Quarterly Journal of Economics*, 2003b, 118 (3): 969 - 1005.

[95] Baker, M. and J. Wurgler, "Market Timing and Capital Structure", *The Journal of Finance*, 2002, 57 (1): 1 - 32.

[96] Balsam and Steven, "An introduction to executive compensation", 2002.

[97] Barro, R. J., "The Loan Market, Collateral, and Rates of Interest", *Journal of Money, Credit and Banking*, 1976, 8 (4): 439 - 456.

[98] Beaver, W. H., "The Information Content of Annual Earnings Announcements", *Journal of Accounting Research*, 1968, 667 - 92.

[99] Beaver, W. H., "Perspectives on Recent Capital Market Research", *The Accounting Review*, 2002, 77 (2): 453 - 474.

[100] Bebchuk, L. A. and J. M. Fried, "Executive Compensation as an Agency Problem", *The Journal of Economic Perspectives*, 2003, 17 (3): 71 - 92.

[101] Beck, T. and A. Demirgue-Kunt, "Small and medium-size enterpri-

ses: Access to finance as a growth constraint", *Journal of Banking & Finance*, 2006, 30 (11): 2931 -2943.

[102] Beneish, M. D. and M. E. Vargus, "Insider Trading, Earnings Quality, and Accrual Mispricing", *The Accounting Review*, 2002, 77 (4): 755 -791.

[103] Bennedsen, M. and D. Wolfenzon, "The balance of power in closely held corporations", *Journal of Financial Economics*, 2000, 58 (1 -2): 113 -139.

[104] Berkman, H., R. A. Cole and L. J. Fu, "Expropriation through loan guarantees to related parties: Evidence from China", *Journal of Banking & Finance*, 2009, 33 (1): 141 -156.

[105] Berle, A. A. J. and G. C. Means, "The Modern Corporation and Private Property", 1932.

[106] Bertrand, M., P. Mehta and S. Mullainathan, "Ferreting Out Tunneling: An Application to Indian Business Groups", *The Quarterly Journal of Economics*, 2002, 117 (1): 121 -148.

[107] Bester, H., "Screening vs. Rationing in Credit Markets with Imperfect Information", *The American Economic Review*, 1985, 75 (4): 850 -855.

[108] Boot, A. W. A., A. V. Thakor and G. F. Udell, "Secured Lending and Default Risk: Equilibrium Analysis, Policy Implications and Empirical Results", *The Economic Journal*, 1991, 101 (406): 458 -472.

[109] Brav, A., C. Geczy and P. A. Gompers, "Is the abnormal return following equity issuances anomalous?", *Journal of Financial Economics*, 2000, 56 (2): 209 -249.

[110] Brickley, J. A., J. S. Linck and J. L. Coles, "What happens to CEOs after they retire? New evidence on career concerns, horizon problems, and CEO incentives", *Journal of Financial Economics*, 1999, 52 (3): 341 -377.

[111] Brickley, J. A., S. Bhagat and R. C. Lease, "The impact of long-range managerial compensation plans on shareholder wealth", *Journal of Accounting and Economics*, 1985, 7 (1 -3): 115 -129.

[112] Bruner, R. F. , "Does M&A Pay? A Survey of Evidence for the Decision-Maker", *Journal of Applied Finance*, 2002, 12 (1).

[113] Bushman, R. M. and A. J. Smith, "Financial accounting information and corporate governance", *Journal of Accounting and Economics*, 2001, 32 (1-3): 237-333.

[114] Campello, M. and J. R. Graham, "Do stock prices influence corporate decisions? Evidence from the technology bubble", *Journal of Financial Economics*, 2013, 107 (1): 89-110.

[115] Carpenter J N, L. F. W. R. , "The Real Value of China's Stock Market", 2014.

[116] Chan, Y. and G. Kanatas, "Asymmetric Valuations and the Role of Collateral in Loan Agreements", *Journal of Money, Credit and Banking*, 1985, 17 (1): 84-95.

[117] Chen, D. , M. Jian and M. Xu, "Dividends for tunneling in a regulated economy: The case of China", *Pacifie-Basin Finance Journal*, 2009, 17 (2): 209-223.

[118] Chen, J. Z. , G. J. Lobo, Y. Wang and L. Yu, "Loan collateral and financial reporting conservatism: Chinese evidence", *Journal of Banking & Finance*, 2013, 37 (12): 4989-5006.

[119] Cheng, Q. and T. D. Warfield, "Equity Incentives and Earnings Management", *The Accounting Review*, 2005, 80 (2): 441-476.

[120] Cheung, Y. , et al, "Tunneling and propping up: An analysis of related party transactions by Chinese listed companies", *Pacifie-Basin Finance Journal*, 2009, 17 (3): 372-393.

[121] Cheung, Y. , P. R. Rau and A. Stouraitis, "Tunneling, propping, and expropriation: evidence from connected party transactions in Hong Kong", *Journal of Financial Economics*, 2006, 82 (2): 343-386.

[122] Claessens, S. , S. Djankov, J. P. H. Fan and L. H. P. Lang, "Disentangling the Incentive and Entrenchment Effects of Large Shareholdings", *The Jour-*

nal of Finance, 2002, 57 (6): 2741 -2771.

[123] Coase, R. H., "The Nature of the Firm", *Economica*, 1937, 4 (16): 386 -405.

[124] Cohen, D. A. and P. Zarowin, "Accrual-based and real earnings management activities around seasoned equity offerings", *Journal of Accounting and Economics*, 2010, 50 (1): 2 -19.

[125] Cole, H. L. and P. J. Kehoe, "Models of Sovereign Debt: Partial Versus General Reputations", *International Economic Review*, 1998, 39 (1): 55 -70.

[126] Coughlan, A. T. and R. M. Schmidt, "Executive compensation, management turnover, and firm performance: An empirical investigation", *Journal of Accounting and Economics*, 1985, 7 (1 -3): 43 -66.

[127] Cull, R. and L. C. Xu, "Institutions, ownership, and finance: the determinants of profit reinvestment among Chinese firms", *Journal of Financial Economics*, 2005, 77 (1): 117 -146.

[128] Dechow, P. M., "Accounting earnings and cash flows as measures of firm performance: The role of accounting accruals", *Journal of Accounting and Economics*, 1994, 18 (1): 3 -42.

[129] Demirgüç-Kunt, A. and V. Maksimovic, "Law, Finance, and Firm Growth", *The Journal of Finance*, 1998, 53 (6): 2107 -2137.

[130] Dow, J. and G. Gorton, "Stock Market Efficiency and Economic Efficiency: Is There a Connection?", *The Journal of Finance*, 1997, 52 (3): 1087 -1129.

[131] Dubois, M. and P. Jeanneret, "The Long-run Performance of Seasoned Equity Offerings with Rights: Evidence from the Swiss Market", *working paper*, 2000.

[132] Fama, E. F., "Random Walks in Stock Market Prices", *Financial Analysts Journal*, 1965, 21 (5): 55 -59.

[133] Fama, E. F., "Efficient capital market: A review of theory and empirical work", *The Journal of Finance*, 1970, 25 (2): 383 -417.

[134] Fama, E. F., "Market efficiency, long-term returns, and behavioral finance", *Journal of Financial Economics*, 1998, 49 (3): 283 – 306.

[135] Fama, E. F. and M. C. Jensen, "Separation of Ownership and Control", *Journal of Law and Economics*, 1983, 26 (2): 301 – 325.

[136] Feltham, G. A. and J. Xie, "Performance Measure Congruity and Diversity in Multi-Task Principal/Agent Relations", *The Accounting Review*, 1994, 69 (3): 429 – 453.

[137] Feltham, G. and M. H. Wu, "Incentive Efficiency of Stock versus Options", *Review of Accounting Studies*, 2001, 6 (1): 7 – 28.

[138] Firth, M., P. M. Y. Fung and O. M. Rui, "Corporate performance and CEO compensation in China", *Journal of Corporate Finance*, 2006, 12 (4): 693 – 714.

[139] Fombrun, C. and M. Shanley, "What's in a Name? Reputation Building and Corporate Strategy", *The Academy of Management Journal*, 1990, 33 (2): 233 – 258.

[140] Francis, J., K. Schipper and L. Vincent, "The Relative and Incremental Explanatory Power of Earnings and Alternative (to Earnings) Performance Measures for Returns", *Contemporary Accounting Research*, 2003, 20 (1): 121 – 164.

[141] Friedman, E., S. Johnson and T. Mitton, "Propping and tunneling", *Journal of Comparative Economics*, 2003, 31 (4): 732 – 750.

[142] Gaspar, J., M. Massa and P. Matos, "Shareholder investment horizons and the market for corporate control", *Journal of Financial Economics*, 2005, 76 (1): 135 – 165.

[143] Gebhardt, W. R., C. M. C. Lee and B. Swaminathan, "Toward an Implied Cost of Capital", *Journal of Accounting Research*, 2001, 39 (1): 135 – 176.

[144] Geerings, J., L. H. H. Bollen and H. F. D. Hassink, "Investor relations on the Internet: a survey of the Euronext zone", *European Accounting Review*, 2003, 12 (3): 567 – 579.

[145] Gilson, S. C., "Management turnover and financial distress", *Jour-*

nal of Financial Economics, 1989, 25 (2): 241 -262.

[146] Gomes, A., "Going Public without Governance: Managerial Reputation Effects", *The Journal of Finance*, 2000, 55 (2): 615 -646.

[147] Graham, J. R. and C. R. Harvey, "The theory and practice of corporate finance: evidence from the field", *Journal of Financial Economics*, 2001, 60 (2 -3): 187 -243.

[148] Guay, W. R., S. P. Kothari and R. L. Watts, "A Market-Based Evaluation of Discretionary Accrual Models", *Journal of Accounting Research*, 1996: 3483 -105.

[149] Hadlock, C., J. Houston and M. Ryngaert, "The role of managerial incentives in bank acquisitions", *Journal of Banking & Finance*, 1999, 23 (2 -4): 221 -249.

[150] Hall, B. J. and J. B. Liebman, "Are CEOS Really Paid Like Bureaucrats?", *The Quarterly Journal of Economics*, 1998, 113 (3): 653 -691.

[151] Hall, B. J. and K. J. Murphy, "Stock options for undiversified executives", *Journal of Accounting and Economics*, 2002, 33 (1): 3 -42.

[152] Harford, J., "Takeover bids and target directors' incentives: the impact of a bid on directors' wealth and board seats", *Journal of Financial Economics*, 2003, 69 (1): 51 -83.

[153] Harrison, H. and J. C. Stein, "A Unified Theory of Underreaction, Momentum Trading, and Overreaction in Asset Markets", *The Journal of Finance*, 1999, 54 (6): 2143 -2184.

[154] Hart, O. D., "The Market Mechanism as an Incentive Scheme", *The Bell Journal of Economics*, 1983, 14 (2): 366 -382.

[155] Healy, P. M., A. P. Hutton and K. G. Palepu, "Stock Performance and Intermediation Changes Surrounding Sustained Increases in Disclosure", *Contemporary Accounting Research*, 1999, 16 (3): 485 -520.

[156] Henderson, B. J., N. Jegadeesh and M. S. Weisbach, "World markets for raising new capital", *Journal of Financial Economics*, 2006, 82 (1): 63 -101.

[157] Hong, H. and M. Huang, "Talking up liquidity: insider trading and investor relations", *Journal of Financial Intermediation*, 2005, 14 (1): 1 -31.

[158] Hou, K., M. A. van Dijk and Y. Zhang, "The implied cost of capital: A new approach", *Journal of Accounting and Economics*, 2012, 53 (3): 504 -526.

[159] Hovakimian, A., "Are Observed Capital Structures Determined by Equity Market Timing?", *Journal of Financial and Quantitative Analysis*, 2006, 41 (1): 221 -243.

[160] Ikenberry, D., J. Lakonishok and T. Vermaelen, "Market underreaction to open market share repurchases", *Journal of Financial Economics*, 1995, 39 (2 -3): 181 -208.

[161] Jensen M C, Murphy. K. J, and Wruck. G, "Remuneration: Where we've been, how we got to here, what are the problems, and how to fix them", 2004.

[162] Jensen, M. C., "Some anomalous evidence regarding market efficiency", *Journal of Financial Economics*, 1978, 6 (2 -3): 95 -101.

[163] Jensen, M. C., "Agency Costs of Free Cash Flow, Corporate Finance, and Takeovers", *The American Economic Review*, 1986, 76 (2): 323 -329.

[164] Jensen, M. C. and K. J. Murphy, "Performance Pay and Top-Management Incentives", *Journal of Political Economy*, 1990, 98 (2): 225 -264.

[165] Jensen, M. C. and R. S. Ruback, "The market for corporate control: The scientific evidence", *Journal of Financial Economics*, 1983, 11 (1 -4): 5 -50.

[166] Jensen, M. C. and W. H. Meckling, "Theory of the firm: Managerial behavior, agency costs and ownership structure", *Journal of Financial Economics*, 1976, 3 (4): 305 -360.

[167] Jian, M. and T. J. Wong, "Propping through related party transactions", *Review of Accounting Studies*, 2010, 15 (1): 70 -105.

[168] Jiang, G., C. M. C. Lee and H. Yue, "Tunneling through intercorpo-

rate loans: The China experience", *Journal of Financial Economics*, 2010, 98 (1): 1-20.

[169] Kato, H. K., M. Lemmon, M. Luo and J. Schallheim, "An empirical examination of the costs and benefits of executive stock options: Evidence from Japan", *Journal of Financial Economics*, 2005, 78 (2): 435-461.

[170] Keynes, J. M., "The General Theory of Employment, Interest, and Money", 1936.

[171] Kreps, D. M. and R. Wilson, "Reputation and imperfect information", *Journal of Economic Theory*, 1982, 27 (2): 253-279.

[172] La Porta, R., F. Lopez-de-Silanes, A. Shleifer and R. Vishny, "Investor protection and corporate governance", *Journal of Financial Economics*, 2000, 58 (1-2): 3-27.

[173] La Porta, R., F. Lopez-De-Silanes and A. Shleifer, "Corporate Ownership Around the World", *The Journal of Finance*, 1999, 54 (2): 471-517.

[174] Lambert, R. A. and D. F. Larcker, "An Analysis of the use of Accounting and Market Measures of Performance in Executive Compensation Contracts", *Journal of Accounting Research*, 1987: 2585-125.

[175] Lang, M. H. and R. J. Lundholm, "Corporate Disclosure Policy and Analyst Behavior", *The Accounting Review*, 1996, 71 (4): 467-492.

[176] Larcker, D. F. and B. Tayan, "Pledge (And Hedge) Allegiance to the Company, Corporate Governance Research Program Closer Look Series 11, Stanford University", 2010.

[177] Larcker, D. F., "The association between performance plan adoption and corporate capital investment", *Journal of Accounting and Economics*, 1983, 5: 3-30.

[178] Liu, Q. and G. Tian, "Controlling shareholder, expropriations and firm's leverage decision: Evidence from Chinese Non-tradable share reform", *Journal of Corporate Finance*, 2012, 18 (4): 782-803.

[179] Loughran, T. and A. M. Vijh, "Do Long-Term Shareholders Benefit

From Corporate Acquisitions?", *The Journal of Finance*, 1997, 52 (5): 1765 - 1790.

[180] Loughran, T. and J. R. Ritter, "The New Issues Puzzle", *The Journal of Finance*, 1995, 50 (1): 23 - 51.

[181] M, H. P. and W. J. M, "A Review of the Earnings Management Literature and Its Implications for Standard Setting", *Accounting horizons*, 1999, 13 (4): 365 - 383.

[182] M, R. and S. J. E, "Equilibrium in competitive insurance markets", *Quarterly Journal of Economics*, 1976, 90 (4): 629 - 649.

[183] Masulis, R. W. and A. N. Korwar, "Seasoned equity offerings: An empirical investigation", *Journal of Financial Economics*, 1986, 15 (1 - 2): 91 - 118.

[184] McInnis, J. and D. W. Collins, "The effect of cash flow forecasts on accrual quality and benchmark beating", *Journal of Accounting and Economics*, 2011, 51 (3): 219 - 239.

[185] Modigliani, F. and H. M. Merton, "The Cost of Capital, Corporation Finance and the Theory of Investment", *The American Economic Review*, 1958, 48 (3): 261 - 297.

[186] Monks, R. A. G. and N. Minow, "Corporate governance. Third Edition", 2004.

[187] Morck, R., Shleifer A; Vishny, R W; Shapiro, M and Poterba, J. M., "The Stock Market and Investment: Is the Market a Sideshow?", *Brookings Papers on Economic Activity*, 1990, 1990 (2): 157 - 215.

[188] Morck, R., B. Yeung and W. Yu, "The information content of stock markets: why do emerging markets have synchronous stock price movements?", *Journal of Financial Economics*, 2000, 58 (1 - 2): 215 - 260.

[189] Murphy, K. J., "Corporate performance and managerial remuneration: An empirical analysis", *Journal of Accounting and Economics*, 1985, 7 (1 - 3): 11 - 42.

[190] Murphy, K. J., "Chapter 38 Executive compensation", in Orley,

C. A. A. D. , *Handbook of Labor Economics*, Volume 3, Part BElsevier, 1999: 2485 – 2563.

[191] Myers, S. C. , "Determinants of corporate borrowing", *Journal of Financial Economics*, 1977, 5 (2): 147 – 175.

[192] Nagar, V. , D. Nanda and P. Wysocki, "Discretionary disclosure and stock-based incentives", *Journal of Accounting and Economics*, 2003, 34 (1 – 3): 283 – 309.

[193] Netter, J. M. and M. L. Mitchell, "Stock-Repurchase Announcements and Insider Transactions after the October 1987 Stock Market Crash", *Financial Management*, 1989, 18 (3): 84 – 96.

[194] Palmrose, Z. , V. J. Richardson and S. Scholz, "Determinants of market reactions to restatement announcements", *Journal of Accounting and Economics*, 2004, 37 (1): 59 – 89.

[195] Park, M. S. and T. Park, "Insider sales and earnings management", *Journal of Accounting and Public Policy*, 2004, 23 (5): 381 – 411.

[196] Rajan, R. G. , "Insiders and Outsiders: The Choice between Informed and Arm's-Length Debt", *The Journal of Finance*, 1992, 47 (4): 1367 – 1400.

[197] Rajan, R. G. and L. Zingales, "Financial Dependence and Growth", *The American Economic Review*, 1998, 88 (3): 559 – 586.

[198] Rhodes Kropf, M. , D. T. Robinson and S. Viswanathan, "Valuation waves and merger activity: The empirical evidence", *Journal of Financial Economics*, 2005, 77 (3): 561 – 603.

[199] Schmidt, K. M. , "Managerial Incentives and Product Market Competition", *The Review of Economic Studies*, 1997, 64 (2): 191 – 213.

[200] Shleifer, A. and R. W. Vishny, "A Survey of Corporate Governance", *The Journal of Finance*, 1997, 52 (2): 737 – 783.

[201] Shleifer, A. and R. W. Vishny, "Stock market driven acquisitions", *Journal of Financial Economics*, 2003, 70 (3): 295 – 311.

[202] Johnson, S. , R. L. Porta, F. Lopez-de-Silanes and A. Shleifer, "Tun-

neling", *The American Economic Review*, 2000, 90 (2): 22 – 27.

[203] Smith Jr., C. W. and J. B. Warner, "On financial contracting: An analysis of bond covenants", *Journal of Financial Economics*, 1979, 7 (2): 117 – 161.

[204] Spence, M., "Job Market Signaling", *The Quarterly Journal of Economics*, 1973, 87 (3): 355 – 374.

[205] Stein, J. C., "Rational Capital Budgeting In An Irrational World", *The Journal of Business*, 1996, 69 (4): 429 – 455.

[206] Stiglitz, J. E. and A. Weiss, "Credit Rationing in Markets with Imperfect Information", *The American Economic Review*, 1981, 71 (3): 393 – 410.

[207] Subramanyam, K. R., "The pricing of discretionary accruals", *Journal of Accounting and Economics*, 1996, 22 (1 – 3): 249 – 281.

[208] Teoh, S. H., I. Welch and T. J. Wong, "Earnings management and the underperformance of seasoned equity offerings", *Journal of Financial Economics*, 1998, 50 (1): 63 – 99.

[209] Tobin, J., "A General Equilibrium Approach To Monetary Theory", *Journal of Money, Credit and Banking*, 1969, 1 (1): 15 – 29.

[210] Vermaelen, T., "Common stock repurchases and market signalling: An empirical study", *Journal of Financial Economics*, 1981, 9 (2): 139 – 183.

[211] Warner, J. B., R. L. Watts and K. H. Wruck, "Stock prices and top management changes", *Journal of Financial Economics*, 1988, 20: 461 – 492.

[212] Wright, P., M. Kroll, A. Lado and B. Van Ness, "The structure of ownership and corporate acquisition strategies", *Strategic Management Journal*, 2002, 23 (1): 41 – 53.

[213] Yermack, D., "Remuneration, Retention, and Reputation Incentives for Outside Directors", *The Journal of Finance*, 2004, 59 (5): 2281 – 2308.

[214] Young, M. N., et al, "Corporate Governance in Emerging Economies: A Review of the Principal-Principal Perspective", *Journal of Management Studies*, 2008, 45 (1): 196 – 220.

附录　市值管理与企业投资决策*

一、研究背景

近年来，市值管理逐渐得到市场参与者的重视。监管层鼓励上市公司建立市值管理制度，并探讨将市值管理纳入国有企业考核范畴，但当前关于市值管理如何影响企业经营的实质探讨并不多。在我国，由于投资者保护较弱及企业信息不透明等因素，市值管理在助力企业成长的同时，也带来许多风险。以乐视网为例，其千亿市值帝国曾帮助大股东通过股权质押等方式为公司发展提供资金，但飞速扩张引发的资金问题最终导致企业股价一度急速下跌，给投资者利益造成巨大损失。因此，市值管理会对企业经营造成怎样的影响，是进一步完善市值管理制度急需解答的问题。

笔者认为，市值管理的最终目的是提高上市公司质量，增强公司持续回报投资者的能力。若要实现上述目的，市值管理应当先影响企业的各类经营行为。其中，投资活动是企业发展壮大至关重要的环节，高效的资本运作能力有助于企业利用市场资源加速成长。那么，市值管理会对企业的投资行为带来怎样的影响？具体地，市值管理是否会对公司的投资支出与投资效率产生影响？倘若答案是会产生影响，哪些因素可以解释这种作用的差异？我们以 2006 ~ 2016 年 A 股上市公司为样本，对上述问题进行实证检验。

笔者发现：首先，市值管理能够提高企业下期的投资水平，这种促进作

---

* 本附录内容已于 2018 年 10 月发表在《会计研究》"企业成长的螺旋：市值管理与企业投资决策"（李旎、蔡贵龙和郑国坚，2018b），现已经调整。

用在投资机会较多的企业、民营企业和熊市环境中表现更明显；其次，中介效应检验模型发现市值管理促进企业投资主要在于缓解了企业融资约束这一作用路径；最后，市值管理可以降低投资不足，但也可能导致企业过度投资，降低企业投资效率。

二、研究设计

笔者先检验市值管理对上市公司投资行为的影响。因此，我们构建了如下模型：

$$INV_{i,t} = \alpha_0 + \alpha_1 MVM_{i,t-1} + Controlvariables_{i,t-1} + Year + Industry + \varepsilon \quad (1)$$

其中，$MVM_{i,t-1}$(market value management) 衡量企业市值管理的效果。此处采用股票回报率衡量市值管理。公司越重视市值管理，股价越可能实现持续稳步上升。区别于托宾 Q 与市净率等时点指标，股票回报率计算周期更长，更能体现公司价值持续提升。因此，此处采用经市场调整的年股票回报率衡量企业市值管理效果，计算方法为：

$$MVM_{i,t-1} = \prod_{t}^{t+12}(1 + R_{i,t}) - \prod_{t}^{t+12}(1 + M_{i,t}) \quad (2)$$

其中，$R_{i,t}$为考虑现金红利再投资的月个股回报率；$M_{i,t}$为月市场回报率，计算期间从上年 4 月末至本年 4 月末，以降低潜在的内生性问题对结果造成的影响。参照辛清泉等（2007）等的研究，投资支出界定如下：

投资支出 =（购建固定资产、无形资产和其他长期资产支付的现金 - 处置固定资产、无形资产和其他长期资产收回的现金净额）/年初总资产。详细的变量定义如附表 1 所示，连续变量在 1% 和 99% 水平上进行 winsorzie 处理。

附表 1　　变量定义

变量	变量定义
$INV_{i,t}$	（购建固定资产、无形资产和其他长期资产支付的现金 - 处置固定资产、无形资产和其他长期资产收回的现金净额）/上年末总资产
$MVM_{i,t-1}$	公司股票收益率，计算期间为上年 4 月末至本年 4 月末
$SIZE_{i,t-1}$	上年末总资产自然对数

续表

变量	变量定义
$LEV_{i,t-1}$	上年末资产负债率
$ROE_{i,t-1}$	上年末净资产收益率
$OCF_{i,t-1}$	上年末经营活动净现金流占总资产的比例
$GROWTH_{i,t-1}$	上年度总资产增长率
$TANG_{i,t-1}$	上年末有形资产占总资产的比例
$LOSS_{i,t-1}$	上年度净利润是否为亏损，是取1，否则取0
$SD_{i,t-1}$	上年度周收益率波动
YEAR	年度虚拟变量
INDUSTRY	行业虚拟变量

三、研究结果

附表2列示了多元回归结果。第（1）列列示了以全样本对模型（1）进行回归的结果，当期市值管理较好的企业，下一期的投资水平更高，系数在1%水平下显著。然后，笔者对模型（2）按照上述调节变量进行分组检验。第（2）列至第（7）列列示了上述检验的结果，市值管理对公司投资指出的促进作用在投资机会较多的企业、民营企业和熊市环境中表现更加显著。

附表2　　市值管理与企业投资水平

变量	(1)	(2)	(3)	(4)	(5)	(6)	(7)
	全样本	低成长性	高成长性	民企	国企	牛市	熊市
$MVM_{i,t-1}$	0.0075*** (6.96)	0.0016 (1.10)	0.0114*** (7.21)	0.0091*** (5.90)	0.0052*** (3.57)	0.0041*** (3.19)	0.0167*** (7.52)
$SIZE_{i,t-1}$	-0.0003 (-0.35)	0.0017 (1.47)	0.0002 (0.12)	-0.0012 (-0.91)	0.0007 (0.59)	-0.0003 (-0.28)	-0.0000 (-0.04)
$LEV_{i,t-1}$	-0.0153*** (-3.26)	-0.0218*** (-3.44)	0.0007 (0.11)	-0.0120* (-1.79)	-0.0064 (-0.98)	-0.0184*** (-3.57)	-0.0139** (-2.35)
$ROE_{i,t-1}$	0.0414*** (6.69)	0.0338*** (4.49)	0.0305*** (3.11)	0.0470*** (5.48)	0.0330*** (3.75)	0.0426*** (6.69)	0.0306*** (3.09)
$OCF_{i,t-1}$	0.115*** (12.61)	0.131*** (10.85)	0.110*** (8.53)	0.0823*** (6.98)	0.151*** (11.01)	0.122*** (11.15)	0.106*** (8.85)
$GROWTH_{i,t-1}$	0.0291*** (16.41)	0.0582*** (11.43)	0.0222*** (12.19)	0.0206*** (11.40)	0.0512*** (10.62)	0.0342*** (12.24)	0.0259*** (11.85)

续表

变量	(1)	(2)	(3)	(4)	(5)	(6)	(7)
	全样本	低成长性	高成长性	民企	国企	牛市	熊市
$TANG_{i,t-1}$	0.0296 ** (2.49)	0.0384 ** (2.31)	0.0233 (1.50)	0.0249 (1.50)	0.0349 ** (2.15)	0.0379 *** (2.65)	0.0203 (1.52)
$LOSS_{i,t-1}$	-0.0046 * (-1.83)	-0.0021 (-0.71)	-0.0109 *** (-2.82)	-0.0065 * (-1.80)	-0.0006 (-0.19)	-0.0052 * (-1.70)	-0.0048 (-1.28)
$SD_{i,t-1}$	0.0205 (0.70)	-0.0357 (-0.75)	0.0027 (0.07)	0.0442 (1.13)	-0.0423 (-0.96)	0.0587 (1.47)	-0.0426 (-1.02)
_CONS	0.0521 ** (2.29)	-0.0082 (-0.28)	0.0531 (1.62)	0.0923 ** (2.58)	-0.0034 (-0.12)	0.0422 * (1.80)	0.0653 ** (2.25)
YEAR	YES	YES	YES	YES	YES	YES	YES
IND	YES	YES	YES	YES	YES	YES	YES
N	19296	9370	9495	10220	9076	10284	9012
ADJ_R^2	0.143	0.193	0.115	0.13	0.195	0.147	0.144
系数差异 F 检验		p-value <0.001		p-value =0.087		p-value <0.001	

注：***、**、*分别表示在1%、5%和10%水平上显著；括号为 t-value。

进一步地，我们运用统计学的中介效应检验方法，分析了市值管理提高企业投资支出的渠道。笔者认为，良好的市值管理之所以促进企业下期投资，主要在于良好的市值管理缓解了融资约束对投资的抑制作用。因此，若上述研究结论比较可靠，那么市值管理应该能够通过缓解融资约束这一中介机制达到促进企业投资水平的结果。为此，参考温忠麟等（2004），我们构造以下递归模型，以检验上述中介效应，即：

$$INV_{i,t} = \alpha_0 + \alpha_1 MVM_{i,t-1} + Controlvariables_{i,t-1} + \varepsilon \tag{3}$$

$$FINANCE_{i,t} = \beta_0 + \beta_1 MVM_{i,t-1} + Controlvariables_{i,t-1} + \varepsilon \tag{4}$$

$$INV_{i,t} = \gamma_0 + \gamma_1 MVM_{i,t-1} + \gamma_2 FINANCE_{i,t} + Controlvariables_{i,t-1} + \varepsilon \tag{5}$$

其中，*FINANCE* 衡量企业的融资约束程度，此处采取企业权益融资额与债务融资额的总和衡量，该值越大表明企业融资约束程度越小。参照吴超鹏等（2012），我们以本年度外部权益净增加额除以年初总资产衡量权益融资金额，以负债融资额变动除以年初总资产衡量债务融资金额。模型（3）中的α_1表示市值管理对企业投资的总效应，模型（4）中β_1为市值管理对融资约束的效应，模型（5）中的γ_2为控制市值管理影响后，融资约束对企业投资的效应。融资约束中介效应等于系数乘积$\beta_1\gamma_2$。总效应为直接效应与中介效应之和，即：$\alpha_1 = \gamma_1 + \beta_1\gamma_2$。检验中介效应最核心的一步是对假设 H0：$\beta_1 \times \gamma_2 = 0$ 进行检验，根据 Sobel 方法，本检验统计量 $Z = \beta_1\gamma_2 / s_{\beta_1\gamma_2}$，其中，$s_{\beta_1\gamma_2} = \sqrt{{\beta_1}^2 {s_{\gamma_2}}^2 + {\gamma_2}^2 {s_{\beta_1}}^2}$ 是$\beta_1\gamma_2$的标准误，而s_{β_1}和s_{γ_2}分别是β_1和γ_2的标准误。如果拒绝原假设，则存在中介效应。

附表 3 是中介效应检验的结果（为控制篇幅只列示主要变量结果）。第（2）列表明市值管理较好的企业融资约束较低。第（3）列是加入融资约束后对市值管理与企业投资回归的结果，*FINANCE* 系数显著为正，说明降低融资约束是市值管理提高公司投资支出的重要途径。Sobel 检验的 Z 值为 10.74，支持融资约束的中介效应。

附表 3　　融资约束中介效应检验

变量	(1)	(2)	(3)
	$INV_{i,t}$	$FINANCE_{i,t}$	$INV_{i,t}$
$MVM_{i,t-1}$	0.0075 *** (6.96)	0.0943 *** (12.26)	0.0012 (1.21)
$FINANCE_{i,t}$			0.0671 *** (23.73)
N	19296	19296	19296
ADJ_R^2	0.143	0.0573	0.26

注：***、**、*分别表示在 1%、5% 和 10% 水平上显著；括号为 t-value。

附表 3 的结果表明，市值管理可以通过帮助企业增加融资金额提升企业投资水平。另外，笔者也分析了市值管理对投资效率的影响。借鉴以往文献（Richardson，2006），我们以企业投资支出偏离正常投资支出的金额衡量投资效率，估计企业正常投资水平的模型如下：

$$INV_{i,t} = \alpha_0 + \alpha_1 SIZE_{it-1} + \alpha_2 LEV_{i,t-1} + \alpha_3 GROWTH_{i,t-1} + \alpha_4 CASH_{i,t-1} + \alpha_5 AGE_{i,t-1} + \alpha_6 INV_{i,t-1} + YEAR + INDUSTRY + \varepsilon \quad (6)$$

模型（6）变量设定如下：因变量 $INV_{i,t}$ 为新增投资，自变量包括公司上年末总资产的自然对数（*SIZE*）、上年末资产负债率（*LEV*）、上年末总资产增长率（*GROWTH*）、上年末货币资金占总资产的比率（*CASH*）、上年末公司上市年限（*AGE*）以及滞后一期新增投资（$INV_{i,t-1}$）。残差代表非预期投资，大于0代表过度投资，小于0为投资不足。此处同时采用两种方法衡量上市公司投资效率。首先，我们以残差绝对值衡量公司非效率投资的程度（*INVEFF*）；其次，借鉴辛清泉等（2007），我们只选择残差大于0的样本，以残差大小衡量过度投资水平（*OVERINV*）。此外，我们还同时选择残差小于0的样本组，以残差绝对值衡量投资不足程度（*UNDERINV*），以考察市值管理是否帮助企业降低投资不足的程度。

附表4报告了市值管理对投资效率影响的结果（为控制篇幅只列示主要变量结果）。列（1）中*MVM*系数在1%水平上显著为正，表明现阶段我国上市公司市值管理整体上削弱了企业投资效率。区分过度投资和投资不足回归显示，*MVM*系数在投资不足组显著为负第（2）列，在过度投资组显著为正第（3）列，表明市值管理虽然有效缓解企业投资不足，但也可能导致企业过度投资。综合来看，我们认为监管层仅仅鼓励市值管理活动还不够，还应该促进企业市值管理制度的规范化，避免市值管理变相成为企业操纵股价的工具。

附表4　　市值管理与企业投资效率

变量	(1)	(2)	(3)
	$INVEFF_{i,t}$	$UNDERINV_{i,t}$	$OVERINV_{i,t}$
$MVM_{i,t-1}$	0.0042*** (6.02)	-0.0014*** (-3.31)	0.0122*** (6.43)
N	18194	11672	6522
Adj_R^2	0.0176	0.131	0.0851

注：***、**、*分别表示在1%、5%和10%水平上显著；括号为t-value。

四、研究结论与展望

本书以投资决策为切入点，分析了市值管理对企业经营发展的影响，并通过中介检验程序分析作用机理。研究发现，市值管理较好的企业融资约束较低，有助于促进下期的投资支出；且市值管理对投资的促进作用在投资机会更多的企业、民营企业与熊市环境中表现更显著。然而，市值管理较好的企业也可能存在较严重的过度投资问题。

上述结论对我国建设和完善企业市值管理制度具有一定的参考价值，成功的市值管理能够缓解企业融资约束并促进企业扩大再生产等投资活动，但市值管理也可能降低企业投资效率，与监管层期望利用市值合理分配资源的目标错位。因此，探讨哪些制度或公司治理安排能够提高市值对资源的配置效率，是市值管理研究非常重要的问题，对这些问题的解答将有助于上市公司更好地完善市值管理制度，我们期待后续研究对上述问题做出进一步解答。

后　　记

本书是以李旎在中山大学的博士论文工作为基础修订而成。博士论文的工作为本书的理论分析部分提供了重要基础，本书的所有实证内容（第五、第六章与附录）均为两位作者合作完成。本书获得了国家自然科学基金青年项目“我国上市公司市值管理研究：动机、行为表现与经济后果（71602039）”与国家自然科学基金重大项目“会计、审计对企业经营管理与宏观经济发展的影响研究（71790603）”的赞助与支持。

感谢中山大学魏明海教授。市值管理是近年来资本市场的热点话题，但围绕市值管理进行深入系统分析的研究始终较为少见。感谢魏老师的谆谆教诲，您的教导与支持是我们能够在这一研究方向持续前行的最大动力，更是让我们得以在无涯学海前行的指路明灯。

本书的最终定稿与出版，要感谢经济科学出版社各位工作人员的辛勤工作，特别感谢杜鹏编审对于书稿修改提出的宝贵意见。

作　者

2019 年 1 月